Eva-Katharina Zamojski

Hybridität und Identitätsbildung

Die Asymmetrie der Anerkennung von Vermischungsprozessen im westlichen Diskurs der kulturellen Differenz

Eva-Katharina Zamojski

HYBRIDITÄT UND IDENTITÄTSBILDUNG

Die Asymmetrie der Anerkennung von Vermischungsprozessen im westlichen Diskurs der kulturellen Differenz

ibidem-Verlag
Stuttgart

Bibliografische Information Der Deutschen Bibliothek

Die Deutsche Bibliothek verzeichnet diese Publikation in der Deutschen Nationalbibliografie; detaillierte bibliografische Daten sind im Internet über <http://dnb.ddb.de> abrufbar.

∞

Gedruckt auf alterungsbeständigem, säurefreien Papier
Printed on acid-free paper

ISBN: 3-89821-336-6

Printed in Germany

Inhalt

Einleitung

Der Inhalt dieses Buches handelt von der Auseinandersetzung mit kollektiven und individuellen Identitäten der Spät- bzw. der Postmoderne innerhalb der westlichen Industriegesellschaften. Sie knüpft an die Multikulturalismus-Debatten an, die sich mit den Folgen der Migration und Konsequenzen der Pluralisierung sowie der Entgrenzung von kulturellen Zusammenhängen und individuellen Lebensentwürfen befassen (vgl. TERKESSIDIS 1999: 1f).

Ausgehend von dem pädagogischen Anspruch, soziale Ungleichheit kenntlich zu machen, sowie den fortschreitenden Veränderungen der Bevölkerungszusammensetzung der BRD, soll die Frage nach dem Umgang mit „kulturellen Differenzen" und ihren Deutungsangeboten in politisch-öffentlichen Raum immer wieder neu gestellt und beantwortet werden. Die in diesem Rahmen stattfindende Auseinandersetzung mit dem Hybriditätsbegriff ist als eine weitere Annäherung an eine angemessene und zeitgemäße Integrations- und Identitätspolitik zu verstehen.

Das erste Kapitel befasst sich mit dem begriffspolitischen Hintergrund des Hybriditätsbegriffes. Es handelt von der politischen Dimension der Begriffe, die als zentrale Elemente bei der Herstellung von Über- und Unterordnungsverhältnissen verstanden werden (Kapitel I., Abschnitt 1.: Was ist an Begriffen politisch?).Dies wird am Beispiel des „Diskurses vom Westen und dem Rest" (Kapitel I., Abschnitt 1.) verdeutlicht, der bis in den heutigen „Diskurs der kulturellen Differenz" (Kapitel I., Abschnitt 2.) hineinwirkt. Bevor die verschiedenen Perspektiven der kulturellen Unterschiede des Diskurses der kulturellen Differenz erläutert werden (Kapitel I, Abschnitt 2.3.), werden die zentralen zur Ein- und Ausgrenzung verwendeten und als Essenzen gedachten Begriffkategorien in Orientierung an den poststrukturalistischen und postmodernen Ansätzen als soziale Konstruktionen dekonstruiert (Kapitel I, Abschnitt 2.1) und mit den aktuellen historischen Veränderungen in Verbindung gebracht (Kapitel I, Abschnitt 2.2.: Globalisierung).

Das zweite Kapitel richtet sich auf die aus den Pluralisierungs- und Entgrenzungsprozessen resultierende, im Rahmen des Diskurses um die kulturelle Differenz diskutierte Vermischung oder Hybridisierung von Kulturen. Das Konzept der Hybridität, das den Prozess der Vermischung des „Nicht-Gleichen" (vgl. MECHERIL 2000: 232) beschreibt, wird im Diskurs der kulturellen Differenz unterschiedlich verwendet:

- Der Hybriditätsbegriff kann z.B. dazu herangezogen werden, um dem Dilemma, das entsteht, wenn Identitäten sich zwischen zwei oder mehreren Kulturen darstellen müssen, einen positiv besetzten Namen zu verleihen. Auf diesem Wege entfaltet der Begriff seine Wirkung als Gegendiskurs zu der „Defizit-These" (vgl. dazu RÄTHZEL 1999: 213) des herrschenden Diskurses. Er hat dann die Aufgabe, die Folgen der Migrationprozesse im Zeitalter der Globalisierung sichtbar zu machen, sowie einen Gegenentwurf zum Essentialismus, innerhalb dessen Mischkategorien nicht vorgesehen sind oder als minderwertig abgewertet werden, anzubieten. Dieses Verständnis von Hybridität verweist auf Individuen, die sich infolge von Migration mit dem Verlust der Eindeutigkeit der Zugehörigkeit arrangieren müssen (Kapitel II. Abschnitt 1.-1.2.).
- Häufig wird der Hybriditätsbegriff auch dazu verwendet, um die Auswirkungen der Globalisierung auf die westlichen Industrienationen zu beschreiben. Dann bezieht sich der Begriff primär auf Flexibilität, Veränderlichkeit und innere Heterogenität innerhalb einer Einheitlichkeitsvorstellung (Individuum, Nation, Europa), wobei er vor allem als Chance im Sinne der Bereicherung durch kulturelle Vielfalt verstanden wird (Kapitel II. Abschnitt 2.-2.2.1.). Diese Begriffsverwendung zeichnet sich dadurch aus, so lautet hier die These, dass sie andere Kulturen essentialisiert und als Elemente für die eigene Vermischung benutzt. Gleichzeitig werden die Hybridisierungsprozesse hierarchisiert, indem zwischen der Hybridisierung der privilegierten Individuen der Mehrheit und der diskriminierten Minderheit unterscheiden wird und diese Differenzierung verschiedene Wertung impliziert.
- Des weiteren kann der Begriff zur Dekonstruktion der als Einheiten gedachten Kategorien (Nation, Geschlecht, Ethnizität) genutzt werden. Diese Vorgehensweise mündet in der Annahme, dass alle individuellen und kollektiven Identitäten als hybrid gesehen werden können. In diesem Schritt wird die These der Hybridität auf die „Normalitätskonstrukte" des Herrschaftsdiskurses übertragen, wodurch deren Kategorien wie Nation, Rasse, Ethnizität etc. als hybrid entlarvt (vgl. HALL 1994: 207) bzw. dekonstruiert werden (Kapitel II., Abschnitt 3.).

Im dritten Kapitel versuche ich die mögliche Wirksamkeit des Konzeptes der Hybridität für die pädagogische Theorie und Praxis aufzuzeigen, indem ich mit einem kurzen geschichtlichen Abriss der Entwicklung der pädagogischen Konzepte zum Umgang mit der Migrationsthematik beginne (Kapitel III., Abschnitt 1.-1.3.), um anschließend der Frage nachzugehen, auf welche Weise das Hybriditätskonzept für Pädagogik produktiv gemacht werden kann (Kapitel III., Abschnitt 1.4.).
Der Vergleich der Anwendungsformen des Hybriditätskonzeptes macht die Grenzen der Akzeptanz der Vermischungsprozesse sichtbar: Während einerseits bestimmte Grenzerweiterungen, die der Mehrheit der westlichen Bevölkerung Vorteile schaffen, ohne dabei die Einheitsvorstellungen zu gefährden, gefeiert werden, werden gleichzeitig Stimmen laut, die mehr oder weniger vehement nach einer stärkeren Abgrenzung nach „Außen" verlangen, um das „Eigene" (Kultur, Nation u.a.) vor der Vermischung zu retten. Die gesellschaftlich nur partiell anerkannte Hybridität wird vor allem für diejenigen Individuen zum Problem, deren Identität sich aus weniger erwünschten Formen der Hybridisierung konstruiert und damit zur Verunsicherung der essentiell gedachten Einheiten führt. Diese Asymmetrie der Anerkennung der Hybridität aufzuzeigen, stellt einen zentralen Schwerpunkt der hier geführten wissenschaftlichen Auseinandersetzung dar. Ebenfalls soll aber auch aufgezeigt werden, dass Hybridität ein nützliches Konzept für die pädagogische Theorie und Praxis darstellen kann, wenn die drei von mir aufgezählten Verwendungsweisen gleichzeitig berücksichtigt werden. Die Auseinandersetzung mit der hierarchischen Diskrepanz zwischen Hybridität als Privileg (des Westens) und als Nachteil (für Migrationgezeichnete) ermöglicht eine differenzierte und sensibilisierte Wahrnehmung der sozialen Ungleichheit, die mit ethno-natio-kulturellen Differenzen begründet wird. Die Dekonstruktion von essentialistisch gedachten Begriffen, wie Kultur, Nation, Ethnie oder Identität als Folge vergangener, aktueller und zukünftiger Vermischungsprozesse, kann zu einer Irritation der Selbstverständlichkeit der eigenen Verortung beitragen und damit dem Fanatismus, Radikalismus und Extremismus entgegenwirken. Im Kontext der Auseinandersetzung mit der (Re-)Produktion von sozialer Ungleichheit mittels identitärer Differenzierungspraxen, gehört zu den pädagogischen Aufgaben, einerseits die Sensibilisierung der Angehörigen der Mehrheitsgesellschaft bzgl. ihres Selbstverständnisses der eigenen Identitätskonstruktionen, anderseits gilt es die häu-

fig schwierigen Situationen verschiedener Minderheiten zu reflektieren, öffentlich zu machen und diese dabei zu unterstützen politisch wirksamere Positionen einzunehmen. Diese beiden Dimensionen des pädagogischen Handelns sollen im letzten Abschnitt kenntlich gemacht, miteinander verknüpft und gleichzeitig kritisch hinterfragt werden (Kapitel III. Abschnitt 2.-2.1).

I. Begriffspolitischer Hintergrund des Hybriditätsbegriffes

1. Was ist an Begriffen politisch?

Ich beginne mit der Erläuterung des begriffspolitischen Hintergrundes des Hybriditätsbegriffes, dabei wähle ich den Ausdruck „begriffspolitisch“, um hervorzuheben, dass Begriffe nicht in einem politisch neutralen Raum entstehen und verwendet werden, sondern dass die mittels Sprache geschaffenen Begriffsbezeichnungen als integrale Bestandteile von Macht- und Herrschaftsverhältnissen sozialer Lebenswelten gelesen werden sollen.

Im Wörterbuch der Soziologie (vgl. HILLMANN 1994: 79) wird der „Begriff“ „als Grundelement des menschliches Denkens, Orientierens, Urteilens“ beschrieben. Er stellt ein

> „gedankliches Instrument zur Wiedergabe und Abgrenzung von Phänomenen der Realität oder von Aspekten, Eigenschaften, Teilen solcher Phänomene“ dar. Seine materielle Gestalt findet der Begriff im „Wort, Ausdruck, Zeichen, Symbol, denen jeweils eine bestimmte Bedeutung (B.inhalt und B.umfang) zugeteilt wird.“

Doch Begriffe (wie z.B. „Zugehörigkeit“, „Geschlecht“ oder „Natur“), wie sie hier verstanden werden, sind nicht nur als Hilfsmittel anzusehen um soziale Realitäten zu ordnen und überschaubar zu machen. In Bezugnahme auf den Poststrukturalismus[1] ist

---

[1] Der Poststrukturalismus (der häufig im Zusammenhang mit der Postmoderne erwähnt wird), wurde zum größten Teil in einem kleinen Zirkel in Frankreich („französische Schule“) der späten 60er - 80er Jahre ins Leben gerufen, während der Höhepunkt der internationalen Rezeption des Poststrukturalismus in den 80er Jahren liegt. Zu dieser Denkrichtung, einer vorwiegend kritisch orientierten geistes- und sozialwissenschaftlichen Forschung werden PhilosophInnen wie z.B. Michel FOUCAULT, J. F. LYOTARD, Luce IRIGARAY, der Soziologe Jean BAUDRILLARD und der Psychoanalytiker Jacques LACAN gezählt. Der Poststrukturalismus zeichnet sich im besonderen Maße durch seine sowohl implizite als auch explizite Neudefinition des Subjektbegriffs aus, indem das Subjekt (im Gegensatz zu essentialistischen Annahmen) ohne Ursprung und ohne Einheit beschrieben wird: Die poststrukturalisitische Sichtweise betrachtet das Subjekt als ein Zeichenprodukt, dass in der Sprache gefangen ist und durch Sprache (im weiteren Sinne durch Kultur) definiert wird. Auch wenn sich die Versionen des Poststrukturalismus teilweise recht kritisch voneinander abheben, ist allen Versionen der Rückgriff auf die Zeichentheorie gemeinsam. In der Zeichentheorie wird das Zeichen als Triade betrachtet, die sich aus Signifikat (Vorstellung, Be-

Sprache in einem konstruktivistischen Sinne am Herstellungsprozess der sozialen Realität beteiligt. Nach DICKMANN (vgl. 1980: 47) machen die Wörter einer Sprache durch Benennung die außerlinguistische Realität verfügbar und tragen gleichzeitig zur Interpretation der Wirklichkeit bei. Laut DÖRNER (vgl. 1991: 5) kann Sprache als das zentrale Medium der gesellschaftlichen Konstruktion von Wirklichkeit angesehen werden.

„Politik" soll hier sowohl die Einflussnahme auf die Gestaltung und Veränderung von Lebensverhältnissen, als auch die Durchsetzung und Verteidigung von Herrschaft, Macht und Interessen kennzeichnen, während der Begriff des Begriffspolitischen explizit die Organisation des menschlichen Zusammenlebens als alltägliche diskursive Praxis der Herstellung sozialer Realität sichtbar macht. Der Diskursbegriff ist hier an HALLS Interpretation angelehnt. HALL (1994: 150) bezieht den Diskursbegriff „auf die Produktion des Wissens durch Sprache", während der Diskurs selbst durch eine diskursive Praxis, „die Praxis der Bedeutungsproduktion" (ebd.) geschaffen wird. Für HALL ist ein Diskurs

> „eine Art, über etwas zu sprechen oder etwas zu repräsentieren. Er produziert Wissen, das Wahrnehmungen und Praktiken formt. Deshalb hat er sowohl Auswirkungen auf diejenigen, die ihn bedienen wie auch auf die, die ihm unterworfen sind." (HALL 1994: 178)

Was ebenfalls in diesen kurzen Ausführungen deutlich wird, ist die Verknüpfung der Begriffe und im weiteren Sinne der Sprache mit Politik: Nach HARK (vgl. 1996: 29) spielen in der politischen Auseinandersetzung um die Identität Kämpfe um den Namen eine zentrale Rolle:

> „Identitäten sind Schauplätze des Kampfes um die Macht, die Welt in den eigenen Begriffen zu erklären und zu ordnen." (Ebd.)

---

zeichnetes), Signifikant (Lautbild, Bezeichnendes) und Referent (Ding, Objekt) zusammensetzt. Der Referent gilt allerdings als "ausgeschlossenes Element", indem er zwar der Produktion von Zeichen unterliegt, diese aber nicht direkt beeinflusst. Als methodischer Ansatz des Poststrukturalismus gilt der Dekonstruktivismus. Der Begriff "Dekonstruktion" bezeichnet das Verfahren poststrukturalistischer Text-Lektüre, innerhalb dieser Vorgehensweise soll die Analyse nicht bei der Konstruktion von Strukturen innehalten, sondern bis zu deren Aufhebung fortgesetzt werden (vgl. BERRESSEM 1998: 439f).

Begriffe sind daher in dem Sinne politisch, dass ihrer Verwendung eine von bestimmten Interessen beeinflusste Thematisierung und Interpretation (Durchsetzung von Definitionen) vorhergeht. Die Teilnahmechancen an der Konstruktion der sozialen Welt durch die Durchsetzung von Definitionen (Definition als Bestimmung eines Begriffes durch Analyse und Interpretation seines Inhaltes), möchte ich im weiteren als Macht über Diskurse (vgl. JÄGER 1997: 139) bezeichnen. Die Macht über Diskurse ist unter den Individuen und Gruppen nicht gleich verteilt: Die Produktion von Begriffsdefinitionen ist mit Herrschaft und Unterordnung verbunden, denn diejenigen, die den Zugang zur Definitionsmacht haben, dominieren damit nicht nur die Beschreibungen der sozialen Realität, sondern auch Zugehörigkeit und Ausschluss und damit den Zugang zu den gesellschaftlichen Ressourcen. Diskurse produzieren Wissen, das dem Interesse von bestimmten Gruppen dient, daher sind Diskurse auch immer normativ. Dieser Argumentationslinie folgend sind in diskursiven Praxen Herrschaftsbeziehungen eingewoben. Diskursive Praxen schaffen Werthierarchien, indem durch sie der Rahmen und die Perspektive der Gegenstandsbetrachtung festgelegt werden und indem andere Perspektiven und Gegenstände aus dem Diskurs herausfallen, unsichtbar bleiben. Ein Diskurs konstruiert ein Thema auf eine bestimmte Art und Weise, während er sich gleichzeitig auf andere Möglichkeiten ein Thema zu konstruieren stark einschränkend auswirkt:

> „denn die Art und Weise wie eine Frage gestellt, ein Problem formuliert, eine „Tatsache" ins Licht gestellt und eine andere ins Dunkel verwiesen wird, entscheidet darüber, wie und in welcher Perspektive gehandelt wird." (RÄTHZEL 1997: 116)

Diskurse haben also mit Macht zu tun, der Macht bestimmte Verhältnisse zu (re)produzieren, aber auch diese zu verändern. Für einen der machtvollsten und erfolgreichsten Diskurse hält HALL (vgl. 1994: 178) den Diskurs, den er als den Diskurs von „dem Westen und dem Rest" bezeichnet. Anhand dieses Diskurses lässt sich einerseits die gesellschaftspolitische Wirksamkeit diskursiver Praxen gut veranschaulichen, anderseits ist dieser Diskurs thematisch sehr interessant, weil er bis heute den westlichen Diskurs der kulturellen Differenz prägt, innerhalb dessen und aus dem heraus sich der hier untersuchte Hybriditätsbegriff entwickelt hat.

Auf welche Weise die genannten Diskurse miteinander verknüpft sind und welche Rolle dem Begriff der „Hybridität“ dabei zukommt, soll in den nächsten Abschnitten aufgezeigt werden.

1.1 Der Diskurs von dem Westen und dem Rest

Die als „westlich“ bezeichneten Gesellschaften entstanden laut HALL (vgl. 1994: 138f) ca. im sechzehnten Jahrhundert, nach dem Ende des Mittelalters und der Auflösung des Feudalismus. Die „Idee des Westens“ spiegelte jedoch nicht eine schon vorhandene Gesellschaftsform wieder, sondern war in einer zentralen Weise an ihrer Konstruktion beteiligt. Als wichtige geschichtliche Ereignisse, die die Unterscheidung zwischen den westlichen (christlichen) EuropäerInnen und den „Anderen“ (wie z.B. den „Orientalen“ oder den „Wilden“) ins Bewusstsein der „EuropäerInnen“ rückte, hebt HALL (vgl. ebd.: 149) einerseits die Auseinandersetzungen mit dem Islam, anderseits die Kolonialisierung anderer Kontinente (Afrika, Asien und Amerika) und der dort lebenden Menschen hervor[2]. HALL (vgl. ebd.) beschreibt diese beiden Prozesse als wesentlich für die Entwicklung des Identitätsbewusstseins, das bis heute als „der Westen[3]“ bezeichnet wird. Die Entstehung „des Westens“ ging mit der Konfrontation der Europäer mit den für sie fremden kulturellen Lebenspraxen (wie z.B. der Arbeitsweisen oder der Glaubensformen und der daran geknüpften Bräuche) einher. Die wahrgenommenen kulturellen Differenzen wurden zu grundsätzlichen Unterscheidungskategorien zwischen „Europa“ und den „Anderen“, wobei Europa (der Westen) die sogenannte „Neue Welt“ (den Rest) mit den eigenen kulturellen Kategorien, Sprechweisen, Bildern und Vorstellungen zu beschreiben und darzustellen versuchte (vgl. HALL 1994: 153). Wichtig ist an dieser Stelle, dass der „Diskurs des Westens und des Rests“ kein Zusammentreffen zwischen Gleichen darstellt/e:

[2] Etwas ausführlicher nachzulesen bei HALL (vgl. 1994: 137-179).

[3] In diesem Zusammenhang soll der Termini „Westen“ mehr ein ideologisches Konzept als eine geographisches Konstrukt repräsentieren (vgl. HALL 1994: 138).

„Die Europäer hatten Völker ausmanövriert, ausgetrickst und (auch im Schießen) übertroffen, die weder den Wunsch hatten, „erforscht", noch das Bedürfnis „entdeckt", noch das Verlangen danach, „ausgebeutet" zu werden. Die Europäer standen den Anderen in der Position der beherrschenden Macht gegenüber. Das beeinflusste das, was sie sahen, genauso wie das was sie nicht sahen." (HALL 1994: 154)

Die „Idee des Westens" (die für die Differenzierung zwischen westlichen und nicht westlichen oder auch entwickelten und rückständigen Gesellschaften steht), wurde zu einem Unterscheidungskriterium, mit dem andere Gesellschaften bewertet wurden und bis heute noch werden. Die Entstehung des Westens ging mit der Annahme einher, dass europäische Gesellschaften die fortschrittlichsten seien. Der europäische Mensch (oder noch genauer: Mann) galt als Höhepunkt der menschlichen Entwicklung und wurde zum Maßstab aller „Anderen" (vgl. HALL 1994: 139). Diese ontologisch festgeschriebene hierarchiesierende Unterscheidung, innerhalb derer der „Westen" den „Rest der Welt" zum Objekt der eigenen Betrachtung und Bewertung degradierte und sich selbst zum Subjekt der Geschichte erklärte, CHAMBRES (1997: 197) spricht von der „semantischen Disposition der Macht[4]" die sich der „Westen" gegenüber den „Anderen" zu eigen machte, prägt bis in die gegenwärtige Zeit hinein den westlichen Diskurs der kulturellen Differenz. Die Annahme, dass westliche demokratische Gesellschaftssysteme die höchste zivilisatorische Errungenschaft der Menschheit verkörpern, ist bis heute sowohl innerhalb der liberalen, als auch der konservativen Positionen des westlichen Diskurses um die kulturelle Differenz weit verbreitet (vgl. RÄTHZEL 1997: 224). Die Hervorhebung der westlichen Demokratie als Unterscheidungskriterium zwischen sich und den „Anderen" übersieht jedoch, (abgesehen von der Ausblendung der internen Widersprüche wie Heterosexismus, Rassismus und Klassendenken), die andere Seite des westlichen Zivilisationsprozesses: Die Kolonialisierung,

„d.h. Ausbeutung von Menschen, die Zerstörung ihrer Lebens- und Arbeitsweise zum Nutzen der westeuropäischen Länder, legitimiert durch eine „zivilisatorische Mission", gekoppelt mit einem Rassismus gegenüber den Kolonialisierten. Millionen von Menschen wur-

---

[4] CHAMBRES (1997: 198) spricht von „der Macht zu benennen, zu identifizieren, zu klassifizieren, zu domestizieren, zu vereinnahmen und deren Kehrseite: der Macht auszulöschen, zum Schweigen zu bringen, zu negieren."

den in diesem Prozess getötet, ermordet oder ihr Tod in Kauf genommen" (RÄTHZEL 1997: 105).

Der Diskurs von dem „Westen und dem Rest" feiert die eigene Entwicklung der Demokratie und übersieht gleichzeitig, dass sich diese Entwicklung der Unterwerfung, der Ausbeutung und der Zerstörung, der Menschen verdankt, die als die „Anderen" definiert worden sind. Dieser Diskurs ist bis heute dadurch gekennzeichnet, dass privilegierte westliche WissenschaftlerInnen und PolitikerInnen, je nach theoretischer Ausrichtung, im Diskurs der kulturellen Differenz, der im nächsten Abschnitt erläutert wird, die vorhandene oder nicht vorhandene kulturelle Differenz zwischen dem Westen und anderen Kulturen behaupten, während die „Anderen" vor allem als Objekte der Betrachtung im Verhältnis zum Westen wahrgenommen und bewertet werden. D.h. es wird weiterhin in Begriffen eines vom Kolonialismus geprägten Diskurses gedacht.

2. Der Diskurs der kulturellen Differenz

Der Diskurs der kulturellen Differenz gewann in der Bundesrepublik Deutschland seine gesellschaftspolitische und wissenschaftliche Relevanz vor allem seit der bundesdeutschen Debatte um den Multikulturalismus[5] in den 80er Jahren. Als Ausgangspunkt dieser Diskussion kann die Frage nach dem Umgang mit kulturellen Minderheiten hervorgehoben werden, denn seit dem Beginn der 80er Jahre, mit der „zweiten Generation" der sog, GastarbeiterInnen, wurde ersichtlich, dass ein großer Teil der am Ende der 50er, Anfang der 60er Jahre angeworbenen ausländischen Arbeitskräfte aus Italien, Spanien, Griechenland, der Türkei, Marokko, Portugal, Tunesien und schließlich Jugoslawien (und vor allem deren Kinder), die Bundesrepublik nicht mehr oder zumindest nicht so bald verlassen möchte. Mit dieser Erkenntnis des demographischen Wandels begann eine (bis heute anhaltende) Kontroverse um Integration,

[5] Die „Multikulturalismus Debatte" wird hier von mir als Sammelbegriff für eine Vielzahl von politischen und wissenschaftlichen Diskussionen verwendet, die um das Thema der multikulturellen Gesellschaft kreisen.

Assimilation, Ausweisung und die Bedeutung der kulturellen Identität (vgl. RÄTHZEL 1997: 127f)[6]. Obwohl in der BRD MigrantInnen zum Teil schon in der dritten Generation leben und die Prozesse der Überschreitungen nationalisierter, ethnisierter und kulturalisierter Grenzen, sowie die Entstehung kultureller Mischformen ein neues Aushandeln der natio-ethno-kulturellen Identitäten notwendig machen, versteht sich die BRD weiterhin nicht als Einwanderungsland. Die aktuelle politische Debatte über Zuwanderung ist durch Inhalte geprägt, die sich vor allem mit Themen wie dem deutschen Nationalstolz, der deutschen Leitkultur, der Reformierung des deutschen Staatsbürgerschaftsrechts im Sinne einer Verschärfung des Asylrechts oder dem Zwang zu Deutschkursen für MigrantInnen und Flüchtlinge befassen, obwohl die Prozesse der Globalisierung (vgl. Kapitel I, Abschnitt 2.1. c) zur Folge haben, dass natio-ethno-kulturelle[7] Unterschiede und Vermischungen immer häufiger an einem Ort, in einer Familie und selbst in einer Biographie sichtbar werden (vgl. FRIEBEN-BLUM, JACOBS 2000: 9). FRIEBEN-BLUM, JACOBS kritisieren die fehlende öffentliche Berücksichtigung der bereits eingetretenen Auswirkungen von Globalisie-

---

[6] Seit den neunziger Jahren verschärfte sich die gesellschaftliche Auseinandersetzung über das Thema Einwanderung, die sich hauptsächlich auf die "Asylanten" konzentrierte, also auf diejenigen, die aufgrund von Krieg, Verfolgung usw. Schutz suchten. Vor allem der durch die Medien verbreitete Begriff der "Asylantenflut" stilisierte die Asylsuchenden zu einer Belastung und Gefährdung der bundesdeutschen sozialen Sicherungssysteme. Die Angst vor der „Überfremdung" der deutschen Kultur wuchs und die rechtsradikalen Parteien wie die NPD, die DVU und die Republikaner, die mit dem Naturrecht auf Erhaltung der Identität eines Volkes argumentierten, konnten einen hohen Zulauf verbuchen. Auch die Gewaltbereitschaft gegen Menschen mit Migrationhintergrund nahm zu. Zu den bekanntesten Angriffen auf MigrantInnen zählen die Brandanschläge in Hoyerswerda (1991), Rostock (1992), Mölln und Solingen. Während PolitikerInnen vor einer Schädigung des Ansehens von Deutschland im Ausland warnten, wurde in den Medien hauptsächlich das Problem des Asylmissbrauchs und weniger der Rassismus der einheimischen Bevölkerung diskutiert. Die Konsequenz war die Verschärfung des Asylrechts, die nach 1993 einen hohen Rückgang der Zahl der Asylbewerber zufolge hatte. Der eingeschränkte Zugang von AsylbewerberInnen hat jedoch nicht zum Ende der Problematisierung („Ausländerkriminalität" und die „Aushöhlung des sozialen Netzwerkes") von MigrantInnen geführt (vgl. TERKESSIDIS 2000: 34ff).

[7] Die Verknüpfung der Begriffe „Nation" als Beschreibung für eine geschichtlich lokalisierte sozialpolitische Gruppe, „Ethnie" als die Idee einer durch eine gemeinsame Kultur verbundenen Gruppe und „Kultur" als ein angenommenes gemeinsames soziales Erbe bestimmter Lebens- und

rungsprozessen auf persönliche Beziehungen und subjektive Identitäten und fordern ein Umdenken:

> „Die immer bedeutendere Zahl von Personen, die durch ihre Biographie und Lebensweisen den Sinn geläufiger Dualismen wie „deutsch“ und „ausländisch“ oder „schwarz“ und „weiß“ widerlegt, weist auf die Notwendigkeit eines längst überfälligen Paradigmawechsels. Erforderlich sind realitätsnahe Kategorien und Muster, die Eingang in die wissenschaftliche Untersuchungen zu Migration, in die öffentlichen Diskurse sowie den alltagsweltlichen Umgang mit Menschen „fremder“ Herkunft finden müssen“ (FRIEBEN-BLUM, JACOBS 2000: 31).

Die kulturelle Pluralisierung ist in der Politik und der Wissenschaft deswegen so bedeutsam, weil die zukünftige Gestaltung der modernen Gesellschaften unweigerlich an den gesellschaftspolitischen Umgang mit den zunehmenden Vervielfältigungen der kulturellen Differenz(en) und Identität(en) gekoppelt ist (vgl. AMOS 2000: 204). Thematisiert und problematisiert wird im Rahmen der Multikulturalismus-Debatte der aktuelle und zukünftige Umgang der Mehrheitsgesellschaft mit den die „Normalitätskonstrukte“ der homogenen natio-ethno-kulturellen Zugehörigkeit und Identität sprengenden Gruppen und/oder Individuen. In den Auseinandersetzungen um die natio-ethno-kulturellen Zugehörigkeiten und Identitätsbezeichnungen spiegeln sich auch immer Kämpfe um Macht und Wohlstand wieder. So kreist die Debatte um die Identität der Zugewanderten und der des Aufnahmelandes im Kern um die Frage nach der politischen Gleichberechtigung und sozialen Gleichstellung von Minderheiten in der Mehrheitskultur (vgl. GÖTTLICH 2000: 42). Diese Diskussion befasst sich mit der personalen, sozialen und gesellschaftspolitischen Anerkennung des kulturellen Pluralismus innerhalb des deutschen Staates. Auf der symbolisch-ideellen Ebene handelt es sich um Überlegungen bezüglich der natio-ethno-kulturellen Identitäten und ihrer (nicht) zu vereinbarenden Differenzen, während auf der sozioökonomischen Ebene ein Kampf um Ressourcenverteilung, sowie politische Mitbestimmung ausgetragen wird. Natio-ethno-kulturelle Identitäts- und Zugehörigkeitsverhandlungen können daher auch als Orte politischer Kämpfe um Definitionsmacht und Chancenangleichung verstanden werden (vgl. HA 2002: 3). Die Auseinanderset-

---

Arbeitspraxen, soll in Orientierung an MECHERIL (vgl. 2000: 232) auf die Polykontextualität und Diffusität komplexer Zugehörigkeitskontexte verweisen.

zungen, die den Umgang mit kulturellen Differenzen in einem demokratischen Staat zum Inhalt haben, werden zusammengefasst auf zwei Ebenen vorgetragen: Erstens stellt sich die Frage nach den individuellen Ansprüchen auf rechtliche, soziale, politische etc. Gleichstellung. Hier handelt es sich um die Forderung nach gleichberechtigter Mitgliedschaft und gleichen Zugang zu gesellschaftlichen Ressourcen für alle BürgerInnen (vgl. BENHABIB 1999: 48). Zweitens geht es um die Gleichbehandlung verschiedener kultureller Minderheiten, sowie deren gruppenspezifische Rechtsansprüche und daher auch um den Umgang mit kulturellen Minderheiten, deren kulturelle Traditionen nicht immer mit dem demokratischen Gleichheitsgedanken vereinbar sind (vgl. ebd.).

> „Die Verfassungsgrundsätze des liberaldemokratischen Staates widersprechen häufig den Sitten bestimmter ethnischer, religiöser Minderheiten, ob es sich nun um Roma und Sinti in Europa, christliche Sekten, orthodoxe jüdische oder muslimische Gemeinschaften handelt." (Ebd.: 61)

Die Forderungen nach Anerkennung und Gleichberechtigung von kulturellen Minderheiten innerhalb einer Mehrheitsgesellschaft werden unterschiedlich bewertet. Bevor ich mich jedoch mit den verschiedenen Konzepten zum Umgang mit den kulturellen Differenzen befassen werde, möchte ich zunächst auf die Schlüsselbegriffe innerhalb dieses Diskurses eingehen, deren Verwendung ebenfalls zum begriffspolitischen Hintergrund von „Hybridität" gehört. Zu den zentralen Begriffen zählen: „Kultur", „Nation" und „Ethnie". Abgesehen davon, dass diese Begriffe keinen festgelegten Definitionen unterliegen, haben sie noch etwas anderes gemeinsam: Sie werden dazu verwendet, um in einem bestimmten historischen und gesellschaftlichen Kontext, soziale Ein- und Ausschlussverfahren zu legitimieren.

2.1. Die zentralen Begriffe im Diskurs der kulturellen Differenz

a) Kultur

Der Kulturbegriff gehört in der Diskussion um die Gestaltung der Einwanderungsgesellschaft zu den am häufigsten verwendeten Begriffen, insbesondere in der Kombination mit den Präfixen „multi“ oder „inter“, die bestimmte Kulturen vervielfachen, um sie dann wieder im Vergleich aufeinander zu beziehen. Die Verwendung des Kulturbegriffes enthält viele Konnotationen. Trotz vielfältiger Kulturdefinitionen lässt sich eine Gemeinsamkeit feststellen, nämlich die Intention, Kulturen in ihrer Differenz zu erfassen und diese Differenz zu objektivieren (vgl. MÜLLER 1993: 61). Im Rahmen der interaktionistisch-konstruktivistischen Theorien wird Kultur als ein

> "diskursives Feld symbolischer Praktiken, in denen Bedeutungen zwischen Interaktionspartnern konstruiert, artikuliert und kommuniziert werden" (NEUBERT 2000: 7)

verstanden. Die Konstruktion einer Kultur setzt einen gemeinsamen Bestand an symbolischen Vorräten voraus, die es ermöglichen innerhalb einer Gemeinschaft Bedeutungszusammenhänge aufzubauen, die aus interaktionistisch-konstruktivistischer Sicht immer individuell bestimmt oder gedeutet werden, was zu einer steten Veränderbarkeit von Kultur führt (vgl. ebd.). Auch Stuart HALL, der sich vorrangig mit dem Begriff der kulturellen Identität im Diskurs der multikulturellen Gesellschaft beschäftigt, versteht Kultur als eine Konstruktion, als ein Repräsentationssystem, das durch Sprache innerhalb von Diskursen konstituiert und reproduziert wird. Als zentrale These hebt HALL (vgl. 1994: 8) hervor, dass Identität in einem zirkulären Verhältnis in und durch Kultur produziert, konsumiert und reguliert wird, wobei symbolische Repräsentationssysteme eine entscheidende Rolle spielen, indem sie die Bedeutungen außersprachlicher Sachverhalte konstituieren. Für den Kulturbegriff ist die Vielfältigkeit seiner Verwendungsweisen (Esskultur, Leitkultur, Volkskultur, Weinkultur, Subkultur usw.) kennzeichnend. „Kultur“ besitzt daher einen hohen Diskurswert, d.h. es besteht ein hoher Abstraktionsgrad ohne konkrete Bestimmung. Die pluralistischen Bezeichnungs- und Verwendungsweisen haben analytische Unschärfe zur Folge (vgl. HÖHNE 2001: 208). In Orientierung an RÄTHZEL (vgl. 1997: 30) kann „Kultur“ als eine Form verstanden werden, in der Menschen ihr Verhältnis zu ihrer Umwelt leben. Kulturelle Phänomene können als Antworten der Menschen auf die Herausforderungen der Welt wahrgenommen werden. Kultur ist somit immer eine von Menschen gestaltete und interpretierte Welt. „Kultur“ wird innerhalb dieser Diskussion für die Beschreibung sozial konstruierter Kategorien verwendet, die nur durch die, in der Regel hierarchiesierende Praxis des Vergleichens hergestellt und reproduziert werden können. Diesem Verständnis zur Folge, soll der Begriff der „Kultur“ eine diskursive sozial konstruierte Unterscheidungspraxis kennzeichnen, wobei die Betonung des sozialen Konstruktionsprozesses den Umstand hervorheben soll

> „dass jedes Objekt, über das gesprochen wird, Teil einer Diskurs- und Wissenschaftsordnung ist und daher nur in Relation zu dieser zu analysieren ist. „Kultur“ an sich existiert nicht, sondern nur als Objekt eines Diskurses.“ (HÖHNE 2001: 210)

Für wichtig halte ich daher bei der Thematisierung von Kultur, (wie bei Nation und Ethnie s.u.) die Frage, wer welche Differenz bestimmt und warum dieses geschieht. Diese Hinterfragung ist deshalb von besonderer Relevanz, weil die Unterscheidungspraxis nicht Selbstzweck ist, sondern ihre Funktion darin besteht, mit der Stiftung kollektiver und subjektiver Identitäten auch Ausschlüsse zu produzieren und, so eine wichtige These dieser Ausführung, bestimmte Menschen im Rahmen eines Über- und Unterordnungszusammenhanges zu den „Anderen“ zu machen. Um den (multiplen) Differenzierungsprozess in seiner Wirksamkeit als Unter- und Überordnungspraxis und diese als wesentlichen Teil des Kulturdiskurses zu verstehen, muss dieser zunächst in Verbindung mit weiteren sozialen Kategorien[8] wie: Ethnizität, Nationalität, Sexualität, Geschlecht, Rasse und Klasse (vgl. LUTZ 2001: 222) gesehen werden. Diese Kategorien spielen in dem Herrschaftsdiskurs der kulturellen Differenz als Machtinstrumente eine zentrale Rolle, innerhalb dessen sie miteinander und unabhängig von einander wirken (vgl. KOSSEK 1999: 42). Erotik und Exotik, Sexualität und Kolonialismus, Sexismen und Rassismen und ihre Überschneidungen haben eine gewichtige Bedeutung im westlichen Diskurs von Identität/Differenz, daher sollten sie nicht getrennt betrachtet, in ihren Funktions- und Wirkungsweisen aber auch nicht auf ein einheitlich Muster reduziert werden (vgl. LUTZ 2001: 210).

[8] „Die sozialen Kategorien können als Resultat von Macht- und Verteilungskämpfen in einem hegemonialen Feld angesehen werden und stellen gleichzeitig verschiedene Kategorien der Unterdrückung dar. Sie können sich gegenseitig verstärken und überschneiden: ebenso können sich die Erfahrungen mit bestimmten Unterdrückungsformen individuell und kollektiv verändern, wie etwa im laufe des Alterungsprozesses oder beim Wechsel von einem hetero- zu einem homosexuellen Lebensstil.“ (LUTZ 2001: 215)

b) Nation, Nationalität, Nationalstaat

Nationale Identität, so lautet hier die These, stellt ein historisches, veränderbares Konstrukt dar. Sie ist eine Erfindung des 19. Jahrhunderts die aus Mythen und Erzählungen besteht und zugleich reale Auswirkungen auf die Leben von Menschen hat, da sie mittels Exklusion und Inklusion den Zugang zu bestimmten gesellschaftlichen Ressourcen ermöglicht oder verschließt. Die Nation ist ein Phänomen der modernen Welt, das erst durch einen gemeinsamen Bestand symbolischer Vorräte (z.B. gemeinsame Sprache oder einen Ursprungsmythos) den Mitgliedern einer kulturellen Gruppe die Möglichkeit eröffnet, nationale Diskurse zu führen (vgl. HALL 1994: 200f). Orientiert an den bisherigen Ausführungen stellt die nationale Identität eine durch symbolische Praktiken konstruierte kulturelle Identität dar, die von unterschiedlichen Individuen sehr unterschiedlich bestimmt und gedeutet werden kann und daher nie für jedes Individuum identisch sein kann, auch wenn sie eine Vorstellung von einer homogen repräsentierten Nation (Einheit und Ganzheit) vermittelt. Was eine „Nation" eigentlich ausmacht, ist eine vieldiskutierte Frage. Zur Disposition stehen objektive Kriterien wie eine gemeinsame Sprache, Religion oder Kultur, oder subjektive wie der Wille von Individuen sich als eine Nation zu verstehen und den Nationalstaat als politische Form anzustreben (vgl. RÄTHZEL 1997: 77).

Benedic ANDERSON (vgl. 1988: 15f) führte zur Beschreibung der Nation den Begriff der „vorgestellten Gemeinschaft" ein. Er sieht in der Nation eine politische Imagination, weil die meisten ihrer Mitglieder sich untereinander nicht kennen und die Vorstellung einer Gemeinschaft nur in ihren Köpfen existiert. Die Nation wird als begrenzt gedacht, immer in der Abgrenzung zu anderen Nationen. Eine weitere Vorstellung besteht in der Souveränitätsannahme, weil der Nationsbegriff einer Zeit entsprungen ist, als die Legitimität der als von Gottes Gnaden gedachten hierarchisch-dynastischen Reiche von der Aufklärung und der Revolution zerstört wurden. Die Nation wird als eine Gemeinschaft unter Gleichen gedacht, unabhängig davon, wie viel Ungleichheit und Ausbeutung vorherrscht. Die Idee der Nation unterstellt also eine Einheit, die mit der Realität der Differenz nicht viel gemeinsam hat. „Nationalität" gilt in der Gegenwart in der Regel als naturwüchsig, als die Essenz des Nationalstaates und nicht als sein Resultat. Bei einer genaueren Betrachtung der Entstehung

des Nationalstaates wird aber ersichtlich, dass dieser durch politische, geschichtliche und soziale Veränderungen (französische Revolution) geschaffen wurde und sich dabei vor allem durch die Ausgrenzung „der Anderen“ behaupten konnte (vgl. STOLCKE 1999: 81). Die Nationalkultur wird in dieser Ausführung als eine Konstruktion zur Repräsentation vereinheitlichter Identität verstanden.
NICKLAS (vgl. 1994: 76f) bezeichnet Nationalität als das erfolgreichste Konzept der sozialen Kategorisierung des ausgehenden 18. und 19. Jahrhunderts, das als erstes von Frankreich rechtlich kodifiziert wurde und im 19 Jh. zu einer selbstverständlichen Realität in Europa wurde. Das 18. und 19. Jahrhundert wird als besonderes bedeutsam für das Verständnis der Gegenwart angesehen: Innerhalb dieses Zeitrahmens wurden die bis heute gültigen grundlegenden Vorstellungen über Zweigeschlechtlichkeit, Nationalstaatlichkeit und Überlegenheit der europäischen "Rasse" von Rationalismus und Aufklärung, Vernunftkritik und Romantik geprägt, aus denen sich die komplizierte Dynamik zwischen nahen und fernen Fremden (z.B. Frauen und Wilden), zwischen interner und externer Fremdheit entwickelte. Während der Begriff „natio“ (von lat. nasci = geboren werden) in der frühen Neuzeit der Binnendifferenzierung universaler Institutionen wie Kirche, Universitäten etc. diente, gewann er mit der französischen Revolution eine neue Ausprägung (vgl. NICKLAS 1994: 76f). Infolge der französischen Revolution entstand die neue republikanischen Ordnung und mit ihr das Modell des modernen demokratischen Nationalstaates. Mit dem Nationalstaat traten auch die staatsbürgerlichen Rechte selbstbestimmter, entscheidungs- und handlungsfähiger Individuen in Kraft. Der neue Subjektbegriff der Aufklärung löste die traditionelle Vorstellung einer gottgewollten unabänderlichen Ordnung ab, die Menschen in UntertanInnen und Herrschende qua Geburt unterteilte (vgl. STOLCKE 1999: 76). Das französische Modell stand für die Idee eines kosmopolitischen Territorialstaates, der zumindest theoretisch die Mitgliedschaft auf freiwilliger Basis postulierte. Die Idee der individuellen Freizügigkeit war aber nicht sehr erfolgreich, denn auf der politischen Ebene kam es zu einer Aufspaltung in konkurrierende Nationalstaaten, deren Funktion in der Kontrolle der „eigenen“ Bevölkerung und dem Ausschluss „der Anderen“ bestand. Zur Regelung der Grenzüberschreitung durch Nicht-Zugehörige wurde die Staatangehörigkeit eingeführt, die die Eingrenzung der einzelnen Nationalstaaten ermöglichte (vgl. ebd.: 77). Mit der Staatsangehörigkeit,

die auch die Nicht-Staatsangehörigkeit erschuf, wurde das Fremde zu einer grundsätzlich anderen Kategorie (vgl. RÄTHZEL 1997: 95). Die Möglichkeit der Bürgerrechte wurde gesetzlich eingeschränkt, indem ihre Inanspruchnahme an bestimmte Bedingungen geknüpft wurde (vgl. STOLCKE 1999: 78). Der Begriff der Nation entwickelte sich zu einer sozialen Differenzierungskategorie, die durch die Definition der Eigen- und Fremdgruppe, Unterschiede in der Perzeption und der Bewertung etablierte. Aufgrund von territorialen Konflikten wurde die nationale Gemeinschaft ein- und abgegrenzt, was um den Preis der demokratischen und universalistischen Revolutionsideale der freien Bürger (Frauen wurden per Geschlecht von diesem Status ausgeschlossen) geschah (vgl. ebd.: 83)[9]. Zur Internalisierung der Nationalität wurde der ganze kulturelle Apparat in den Dienst gestellt, dazu zählen: Die Erschaffung der Nationalhymne und eines Ursprungsmythos, die Verallgemeinerung einer Landessprache, die Gründung eines stehenden Heeres und die Einführung einer allgemeinen Wehrpflicht, sowie die Schaffung des Staatsangehörigkeitsrechts, das

> "gekoppelt an die Errichtung überwachter Grenzen und die Einführung des Passwesens sowie der Sichtvermerke, eine Zugehörigkeits- sowie Aus- und Einreisepolitik etablierte" (BIELFELD 1992: 116)

Im Verlauf der historischen Entwicklung wurden die von Außen gesetzten Kategorien immer mehr zu Eigen- und Fremdidentifikationen, bis sie schließlich naturalisiert wurden (vgl. NICKLAS 1994: 78). Die Selbst- und Fremdkategorisierung über nationale Zugehörigkeit gewann einen ausschließenden Charakter, der die eigene Gruppe im Vergleich zu anderen (fast immer) als höherwertig betrachtet und bei der ausgeblendet wird, dass es sich bei der Konzeption der Nationalität um ein formalrechtli-

---

[9] Zur Eingrenzung der Bürgerrechte kann zwischen zwei unterschiedlichen Nationalitätsdoktrinen unterschieden werden: Dem ius sanguinis (Abstammungsprinzip), das sich an der Vorstellung eines gemeinsamen durch Abstammung entstandenen Kulturerbes orientiert und dem ius soli (Territorialprinzip), das sich von dem jeweiligen Geburtsort ableitet (vgl. STOLCKE 1999: 78). Bei dem z.B. in Deutschland angewandten ius sanguinis entscheidet die Volkszugehörigkeit oder –abstammung über die Staatsbürgerschaft. Dieses Prinzip impliziert die Vorstellung eines ethnisch homogenen Volkes. Kommt das Prinzip des *ius soli* zur Geltung, wie es z.B. in Frankreich oder in den Vereinigten Staaten von Amerika der Fall ist, dann wird jeder Mensch durch die Geburt in einem bestimmten Land, zum potentielle/n SaatsbürgerIn erklärt (vgl. BENHABIB 1999: 94f). In beiden Beispielen handelt es sich um die Vergabe von Staatsbürgerschaft aufgrund passiver Zugehörigkeitsmerkmale: Geburt oder ethnische Abstammung (vgl. BENHABIB 1999:99).

ches Verhältnisses zwischen Individuum und Staat handelt. Die Naturalisierung der Nationalität ging und geht mit der Naturalisierung von Geschlecht und Rasse einher. Die auf Ungleichheit basierende Differenz, d.h. die Festlegung bestimmter Merkmale (Geschlecht, Klasse, Rasse, Ethnizität) als Unterscheidungskategorien und ihre hierarchische Verortung im kulturellen Repräsentationssystem der Nation scheint paradoxerweise mit dem zur gleichen Zeit entstandenen, Freiheit und Gleichheit postulierenden demokratischen Staat vereinbar zu sein (vgl. KOSSEK 1999: 26). Dieser Widerspruch wurde über den Weg der Exklusivität der staatsbürgerlichen Rechte (im Sinne der politischen Emanzipation und formellen Gleichheit) des modernen Individuums gelöst (vgl. STOLCKE 1999: 86). Die Exklusivität ermöglicht/e Gleichheit nur auf die als gleich definierten Individuen zu beziehen. Wer nicht gleich ist, d.h. wer sich z.B. einer anderen „Rasse", einem anderen „Geschlecht" oder einer anderen ethnischen Herkunft zugehörig fühlt oder der jeweiligen Kategorie zugeordnet wird, der/dem können auch die gleichen Rechte verweigert werden.

> „Die Regulation der Zugehörigkeit zur Nation und der Reproduktion der sozialen Gemeinschaft einer Nation erfordern ein wechselseitiges miteinander verknüpftes rassistisches und heterosexistisches Ausschlussverfahren. Während der Rassismus die Funktion der Ausgrenzung von fremd bestimmten Menschen übernimmt, sorgt die Interaktion von Rassismus mit Heterosexismus für den Einschluss der der Nation zugehörig definierter Frauen." (KOSSEK 1999: 25)

Als ein wesentlicher Faktor der besonderen Vormachtsstellung des Konzeptes der Nationalität kann zunächst die gewaltsame Unterdrückung der internen Differenzen genannt werden. Die modernen Nationalstaaten bestehen aus einer unterschiedlichen Mischung „fremder Ideen" und können als hybridisierte Nationalkulturen verstanden werden, die alle unter dem Begriff der Nation zu einer homogenen Einheit zusammengefasst werden (vgl. FRIEBEN-BLUM, JACOBS 2000: 22). Während der Nationsbegriff eine homogene Einheit der Mitglieder unterstellt, bestehen die meisten modernen Nationen aus verschiedenen Klassen, den Geschlechtern und ethnischen Gruppen. Diese sollen unter einer gemeinsamen kulturellen Identität, nämlich der nationalen, vereinigt werden. Des Weiteren konstruieren nationale Kulturen Identitäten, indem sie Bedeutungen der „Nation“ herstellen, die Identifikationen[10] ermöglichen, doch sie stellen nicht nur Orte der Unterordnung, Bindung und symbolischer Identifikation dar, sondern sie fungieren ebenfalls als Strukturen kultureller Macht. Nach HALL (vgl. 1994: 205f) bestehen nationale Kulturen

> „aus disparaten Kulturen, die nur durch einen langen Prozess gewaltsamer Eroberung vereinigt wurden“ und sie sind „von tiefen inneren Spaltungen und Differenzen durchzogen und nur durch die Ausübung kultureller Macht „vereinigt“. Sie erhalten sich, indem sie sich einheitlich repräsentieren“

Die nationale Identität erhält ihre besondere Bedeutung ebenfalls mit Hilfe der Konstruktion der „Fremden“, die von Innen und Außen die „nationale Gemeinschaft“ bedrohen. Während innerhalb der gezogenen Grenzen die kulturelle Vielfalt einem Homogenisierungsprozess unterworfen wird, werden diejenigen Gruppen und/oder Individuen, die den vorgegebenen Rahmen sprengen zu den „Anderen“. Nach RÄTHZEL (vgl. 1997: 15f) hält das Fremdbild des gefährlichen, die innere Ordnung zersetzenden „Anderen“, die Nation zusammen. Die Unterordnung unter die gemeinsame nationale Einheit, die Vorstellung einer Gemeinsamkeit trotz verschiedener gesellschaftlicher Gruppen mit teils entgegengesetzten Interessen, wird nach RÄTHZEL (vgl. ebd.: 16) durch die Bilder von „Anderen“, durch Gegenbilder hergestellt:

> „Alle Über- und Unterordnungsverhältnisse innerhalb einer Gesellschaft, aber auch horizontale Unterschiede zwischen den „Einheimischen“ verschiedener Regionen, soziale Unterschiede hinsichtlich Geschlecht, Alter, Beruf, Klasse, die sich auch in verschiedenen und gegensätzlichen Normen, Werten, Wissensvorräten darstellen können, verschwinden zugunsten eines Gegensatzes von „Einheimischen“ und „Eingewanderten“, von „innen“ und „außen“. (RÄTHZEL 1997: 56)

Bei der Betrachtung der Genese der nationalen Identität kann festgestellt werden, dass der Nationalität keine Essenz zugrunde liegt, da sie ein historisches und relatio-

[10] „Sozial Handelnde entwickeln unterschiedliche und vielfältige Identifikationen, die sich zu Identitäten zusammensetzten. Da jede dieser Identifikationen einen auf einen spezifischen sozialen Kontext bezogenen Charakter hat, hängt es von jeweiligen Kontext ab, ob oder im welchen Ausmaß Handelnde im Alltagsleben eine dieser Identifikationen hervorrufen und bestätigen. Brüche, Ambivalenzen und Ambiguitäten gehören in dem offenen Raum von Möglichkeiten, in dem Personen leben, zu den Erfahrungen, angesichts derer sich die Person durch aktive, psychische Synthetisierungs- oder Integrationsleistungen der Kontinuität und Kohärenz ihrer Lebenspraxis zu vergewissern sucht“. (FRIEBEN-BLUM, JACOBS 2000: 16)

nales Phänomen darstellt. Dies wird auch daran ersichtlich, dass jeder Staat über eigene rechtliche, politische und ökonomische Vorschriften verfügt nach denen zwischen StaatsbürgerInnen und den „Anderen" unterschieden wird. Die Nation gewinnt ihre Macht durch Vereinheitlichung und/oder Ausblendung von internen Differenzen, sowie der unterstellten Bedrohung durch äußere und innere Feinde, obwohl sie eine aus dem demokratischen Gedanken geborene gleichberechtigte Teilhabe an Freiheit und Gleichheit postuliert. Die nationalen Identitäten konstituieren sich, wie bereits oben angedeutet, durch Grenzziehungsprozesse. Moderne Nationalstaaten etablieren Ordnung durch Grenzziehungen. Dabei bedienen sie sich primär der Methoden von In- und Exklusion, wodurch ein Innen und ein Außen geschaffen wird. Diese Unterteilung soll verhelfen Vieldeutigkeiten zu reduzieren, um Verunsicherungen zu vermeiden und um Eindeutigkeit zu vermitteln. Ebenfalls soll sie zum Gefühl von Sicherheit und Zugehörigkeit seitens der betreffenden Individuen beitragen. Die "Fremden", die aufgrund ihrer Unbestimmbarkeit die Gründung neuer Kategorien erfordern, verunsichern die symbolische Ordnung einer Gesellschaft. Es wurde bereits oben erwähnt, dass Nationen gegenwärtig die dominierenden symbolisch imaginierten Darstellungsformen einer Ordnung sind, die Eindeutigkeit vermitteln und Verunsicherungen vermeiden soll. In ihnen wird eine bestimmte Form der kollektiven Identität imaginiert: Die sogenannte nationale Identität. Diese Identitätsform entspringt der Identifikation mit national repräsentierten Werten und Vorstellungen. Die Identifikation mit einer Nation ist jedoch nur bei gleichzeitiger Abgrenzung möglich. So werden durch Identifikation und Abgrenzung Gegensätze und deren Bedeutungen konstruiert, um in diesem Fall die nationale Identität zu ermöglichen und zu reproduzieren. Doch die westlichen Nationalstaaten werden durch die Globalisierung und die weltweiten Migrationbewegungen, die das vermeintlich Fremde mit sich bringen, erschüttert. Die Fremden verunsichern und verstören die Annahme einer relativ geschlossenen und homogenen Kultur. Sie demonstrieren aufgrund ihrer geographischen, politischen und kulturellen Grenzüberschreitungen die Veränderlichkeit der als essentialistisch gedachten nationalen Identitäten. Der Fremde lässt sich, anders als der Unvertraute oder der Feind, nicht auf die Ferne beschränken. Durch die Überschreitung der geographischen, politischen und kulturellen Grenzen, verstoßen die Fremden gegen die essentialistischen Konzeptionen kollektiver Identitäten. Sie lösen ambivalente Gefühle aus, da sie die unterstellte Geschlossenheit der Ordnung bedrohen, ihre Präsenz stellt die Einheitlichkeit und Ganzheit einer Nation in Frage.

> "Eine Ordnung, die sich selbst zu reproduzieren sucht, ist auf die Festlegung der Grenzen zu ihrer Umwelt, zu den Räumen, in denen sie nicht (mehr) gilt, angewiesen. Unordnung und ihre Repräsentanten, die Anderen und die Fremden, werden in dieser Perspektive zur Bedrohung." (RADTKE 1992: 79)

MigrantInnen werden als "Fremde", als "Andere", als "Ausländer" gekennzeichnet und aus der nationalstaatlichen Gemeinschaft ausgeschlossen. Im öffentlichen Diskurs werden vor allem Auffälligkeiten der Fremden hervorgehoben:

> "Staatliche Stellen registrieren im Sinne einer reibungslosen Verwaltungstätigkeit vornehmlich Auffälligkeiten; in den Medien kommen Migranten fast nie als normale Menschen vor, sondern hauptsächlich als Abweichungen; und auch im Alltag werden sie ununterbrochen als 'Ausländer' oder 'Fremde' identifiziert." (TERKESSIDIS 2000: 72)

Das Wissen um die Widersprüche im „Konzept der Nationalität“ kann zwar einige Selbstverständlichkeiten erschüttern, doch ihre Wirkungsweise wird damit nicht reduziert, denn unabhängig davon wie illusionär die „nationale Einheit“ bei einer diskursanalytischen Betrachtung erscheinen mag, so ist sie doch in dem Maße wirksam, in dem sich eine Mehrheit der Individuen an ihrer Konstruktion beteiligt (vgl. RÄTHZEL 1997: 41). Die analytische Dekonstruktion befindet sich daher in einem Spannungsverhältnis zu der praktisch-politischen Konstruktion von Nation und nationaler Identität.

Zu einem besonders aktuellen Thema zählt die seit 1989 stattfindende Neudefinition von Europa, die Europa nicht nur als Kontinent, sondern auch als Idee umfasst. Die „EU-Staatsbürgerschaft“ macht Angehörige der Mitgliedsstaaten zu StaatsbürgerInnen einer Gemeinschaft (vgl. BENHABIB 1999: 81). Im Zusammenhang mit der Bildung der Europäischen Union entflammte in Deutschland (und anderen EU-Staaten wie z.B. in Frankreich) die Diskussion um die nationale Identität, die an die Unterstellung ihrer Gefährdung durch die Anwesenheit von Angehörigen der Nicht-Mitgliedstaaten gekoppelt ist. Ihre Relevanz gewinnt diese Diskussion erstens dadurch, dass nationale Identitäten in der modernen Welt die Hauptquellen kultureller Identität/en darstellen und daher grundlegend für das Verständnis von Identität und Zugehörigkeit sind (vgl. STOLCKE 1999: 75). Zweitens gilt Nationalität in

Deutschland und vielen anderen europäischen Ländern als die rechtliche Voraussetzung für den Erwerb von Staatsangehörigkeit und nur diejenigen können StaatsbürgerInnen werden, deren Staatsangehörigkeit anerkannt wird. Das hat zur Folge, dass nicht alle Angehörigen eines Nationalstaates auch StaatsbürgerInnen sind. Erst mit der Anerkennung der Staatsbürgerschaft werden einem Individuum politische Rechte verliehen, daher kann die Staatsbürgerschaft als eine Trennlinie zwischen den Zugehörigen und den „Anderen" betrachtet werden (vgl. BENHABIB 1999: 93). Mit der Einführung der EU-Staatsbürgerschaft ist eine enorme Diskrepanz in der Behandlung der AusländerInnen aus den Eu-Mitgliedsstaaten und denjenigen, die nicht dazugehören, entstanden. Die Rechtslage gesteht den EU-Angehörigen eine große Bewegungsfreiheit und viele politische Rechte zu, während sie die Einreise und den Aufenthalt von Nicht-Mitgliedern erschwert. Auf diesem Wege werden in Deutschland lebende AusländerInnen in zwei Klassen aufgeteilt (vgl. ebd.: 85). Diese Unterteilung hat nicht selten zur Folge, dass ausländische BürgerInnen aus den sogenannten Drittweltstaaten die in Deutschland geboren und aufgewachsen sind, einen wesentlich schlechteren Status haben als solche aus den EU-Staaten, denen das Gastland, seine Sprache und Kultur vielleicht ganz fremd sind:

> „Ein Portugiese, Italiener oder Grieche, der nach Hamburg zieht, darf nach sechs Monaten wählen und sich bei den Kommunalwahlen und bei der Wahl für das Europäische Parlament als Kandidat aufstellen lassen. Dagegen kann ein Sohn oder eine Tochter türkischer oder kroatischer Eltern, die seit den späten sechziger Jahren in Hamburg leben, die gleichen Rechte erst nach der Beantragung der deutschen Staatsbürgerschaft in Anspruch nehmen" (ebd.).

c) Ethnizität

Innerhalb des Diskurses über kulturelle Identität, wird auch häufig der Begriff der „Ethnizität" verwendet. Der Begriff der „Ethnizität" hat je nach Verwendungskontext verschiedene Funktionen. "Ethnizität" (oder "ethnische Identität") hat eine abgrenzende Funktion und umfasst viele Aspekte von harmloser Folklore bis hin zu blutigen Auseinandersetzungen. Im Mittelpunkt von Ethnizität stehen sehr oft die Sprache und die eigene Geschichte bzw. regionale Herkunft einer Gruppe. Aber auch andere

Merkmale werden zur Abgrenzung herangezogen. Inhaltlich kann die jeweilige Charakterisierung sehr unterschiedlich sein und sich mit der Zeit ändern (vgl. HALL 1994: 206ff). Das „ethnic revival“ in den USA am Ende der sechziger, Anfang der siebziger Jahre, beruhte auf der Annahme einer gemeinsamen ethnischen Identität als politische Waffe rassistisch diskriminierter Gruppen (wie z.B. „wir Schwarzen“). In diesem Fall soll die Verwendung von Ethnizität auf gesellschaftliche Gruppen mit einer gemeinsamen Herkunft verweisen, die von unterschiedlichen Ausschlüssen und Diskriminierungen betroffen sind und kann als eine politische und kulturelle Ressource beim Kampf um gesellschaftliche Gleichstellung verstanden werden: Mit dem Etnizitätsbegriff wird die Differenz betont, um durch die Anerkennung der besonderen sozialen Lage bestimmter gesellschaftlichen Gruppen eine Verbesserung der Situation von Staat und Gesellschaft zu fordern[11] (vgl. HALL 1994: 15ff). Anderseits werden mit Ethnizität verschiedene Konflikte bis hin zu Kriegen begründet. Die „ethnischen Säuberungen“ in der ehemaligen Jugoslawien, die Kämpfe in den Staaten der ehemaligen UdSSR oder in den afrikanischen Staaten sind Beispiele für „ethnische“ Auseinandersetzungen. Auch innerhalb der deutschen Multikulturalismus-Debatte wird neben dem Begriff der Nation von Ethnizität gesprochen. Ethnizität wird verwendet um das Recht von MigrantInnen auf die eigene Kultur und Identität oder um die angenommenen unüberwindbaren kulturellen Differenzen zu thematisiert, die häufig mit ethnischen Unterschieden erklärt werden. Ethnizität kann den MigrantInnen als eine Form der Selbstorganisation dazu dienen, mit den Verhältnissen der Aufnahmegesellschaft zurechtzukommen, anderseits kann sie durch die eigene Separation oder Fremdethnisierung seitens der Aufnahmegesellschaft zum Nachteil werden. Die ethnische Identität kann für MigrantInnen bei der Neuorientierung in einer ihnen fremden Gesellschaft eine Hilfe sein. Migrierte Gruppen sind nicht immer zwangsläufig ethnische Gruppen, vielmehr ist es häufig der Fall, dass sich ethnische Gemeinschaften erst in der Aufnahmegesellschaft infolge der Auseinandersetzung mit den gegebenen Verhältnissen bilden. Verschiedenste ethnische Organisationen und Einrichtungen können als Puffer zwischen der Herkunfts- und der Aufnahmege-

---

[11] Der Kampf um Gleichberechtigung marginalisierter Gruppen hatte in den USA den Beschluss der "affirmative action" zufolge, welcher ethnischen Minderheiten Unterstützung garantieren sollte.

sellschaft dienen, indem sie zur Persönlichkeitsstabilisierung der MigrantInnen beitragen.
Ethnizität stellt in solchen Fällen eine Orientierungshilfe und Alternative zur Assimilierung dar, gleichzeitig besteht aber die Gefahr einer Stagnation, die zu einer Erstarrung der MigrantInnen in bestimmten Traditionen und Strukturen führen kann. Die Stagnation stellt in der Regel eine Reaktion auf Diskriminierung, Rassismus, Benachteiligungen am Arbeitsmarkt, etc. da. Die Orientierung der gesellschaftlichen Minderheiten an einer gemeinsamen ethnischen Identität kann daher beides zugleich sein: Sowohl eine Ressource gegen Diskriminierung, als auch ein Grund für deren permanente Ausgrenzung durch die Aufnahmegesellschaft. Ethnisierungen sind weder statisch, noch auf ewig festgelegt, sondern dem Wandel der Zeit unterworfen. So zeichnet sich zum Beispiel bei MigrantInnen der 2. und 3. Generation ab, dass diese zur Veränderungen der ethnischen Identität beitragen können, indem sie die Traditionen der Herkunftsländer nicht einfach fortsetzen, sondern diese im Kontext der Kultur des Aufnahmelandes, in dem sie geboren wurden, neu interpretieren.
Ob ethnische Kategorien und ethnische Identitäten von Belang für die Stellung von MigrantInnen in der Aufnahmegesellschaft sind, hängt von der Heterogenität bzw. der Homogenität der Aufnahmegesellschaft ab. Je heterogener eine Gesellschaft, desto eher ermöglicht sie Ethnizität als eine Ressource neben anderen in der Auseinandersetzung der gesellschaftlichen Verhältnisse zu verstehen, während homogene Gesellschaften die Angehörigen von Minderheiten hauptsächlich über ihre ethnische Zugehörigkeit definieren. Neben dem herrschenden Diskurs, der Ethnizität an die nationale Identität koppelt („Nationalität als Ethnizität" vgl. HALL 1994: 14) und mit anderen hierarchisch strukturierenden Kategorien wie Klasse, Rasse und Geschlecht verknüpft, gibt es auch Gegendiskurse, die „Ethnizität" verwenden, um festzustellen, dass alle Menschen ethnisch verortet sind, d.h. dass sie aus einer bestimmten gesellschaftlichen Position heraus, geprägt durch bestimmte Geschichten und Erfahrungen sprechen. Ethnische Gemeinschaften werden in diesem Kontext jedoch nicht als von menschlichem Handeln unabhängig existierende Begebenheiten angesehen (vgl. FRIEBEN-BLUM, JACOBS 2000: 15). Sie bestehen aus Bildern, die bestimmte Gruppen von sich erstellen und mit denen sie sich identifizieren (vgl. ebd.: 17). Diesem Begriffsverständnis zufolge soll die ethnische Position des Subjekts anerkannt,

jedoch gleichzeitig als positioniert, situativ sowie veränderlich angesehen werden. Ethnizität gilt demnach als soziale Konstruktion der Positionierung und Repräsentation mit realen Auswirkungen in der konkreten Welt. Obwohl ethnische Gemeinschaften ebenfalls als imaginär bezeichnet werden können, ermöglichen sie den Individuen Orientierungen für individuelle Identitätskonstruktionen (vgl. ebd.: 15). Demnach stellen Ethnizitäten notwendige Räume dar, von denen aus die Menschen sprechen, denn Sprechen kann nur durch eine Verortung innerhalb eines Diskurses stattfinden, ohne eine Positionierung ist es nicht möglich (vgl. HALL 1994: 61). Vor allem Stuart HALL (1994) hat sich darum bemüht, Ethnizität nicht als Essenz, sondern als Repräsentation einer relationalen Positionierung innerhalb sich globalisierender Konfliktfelder zu begreifen, die andere Grenzziehungen und Positionierungen nicht ausschließt. Nach HALL (vgl. ebd.: 14f) scheint der Begriff der „Ethnizität" wichtig zu sein für die Konstruktion von Subjektivität und Identität, d.h. für die subjektive Auffassung „wer" jemand ist. Die Positionierung wird von HALL (vgl. ebd.: 13) als eine politische Notwendigkeit angesehen. Die Dekonstruktion der natio-ethno-kulturellen Identität soll keinen Verlust politischer Handlungsfähigkeit bedeuten.

> „Ethnizität bleibt unverzichtbarer Teil auch einer neuen Politik der Repräsentation, da ohne sie eine Positionierung in und gegen herrschende Repräsentationsregimes nicht denkbar ist." (Ebd.: 13.).

Im Prozess der Positionierung spielen Techniken der Identifikation und ihre Repräsentation eine wichtige Rolle. Repräsentation soll in diesem Kontext nicht mehr als nachträgliche Vor- oder Darstellung außersprachlicher Sachverhalte begriffen werden, sondern als ihre Konstitution im Modus der jeweiligen Bedeutung (vgl. HALL 1994: 8). Repräsentationen werden hier als soziale Praxen gesehen, die erst das erzeugen, was sie abzubilden vorgeben.

Zusammenfassend wird hier eine Sicht auf Kulturen, Nationen und Ethnien vertreten, die diese als hybride Gebilde begreift, die sich in einem ständigen Werden befinden und die ebenfalls in einer zentralen Weise für den Reproduktionsprozess von Herrschaft und Unterwerfung zuständig sind. Nationale, kulturelle und ethnische Grenzziehungen beruhen daher in der hier vertretenen Perspektive nicht auf realen Essenzen, die als grundlegende und weitgehend feststehende Eigenschaften die Einheit von kollektiven Subjekten konstituieren, sondern sie entstehen, wirken und verändern sich vielmehr in sozialen Prozessen. Da Kultur, Nationalität und Ethnizität sich als erfolg- und folgenreiche Muster soziokultureller Grenzziehung erwiesen haben, gelten sie als Schlüsselworte im Mittelpunkt der sozialwissenschaftlichen Forschung zu kulturellen Identitäten und zu Grenzziehungen zwischen dem "Eigenen" und dem "Fremden". Die zur Differenzierung und Identifizierung verwendeten Kategorien bleiben solange unproblematisch, solange sie keinen Irritationen, wie sie z.B. durch Migrationsprozesse entstehen, ausgesetzt sind. Aktuell werden die kollektiven und individuellen Identitäten durch Prozesse erschüttert, die unter dem Begriff der „Globalisierung“ diskutiert werden. Was mit dem Begriff der Globalisierung hier gemeint ist und auf welche Weise sich diese destabilisierend auf die kollektive und individuelle Identitätsbildung auswirkt, soll im folgenden Abschnitt erörtert werden.

2.2. Globalisierung

Die Prozesse, die zur einer Vervielfältigung natio-ethno-kultureller Minderheiten in der Bundesrepublik führten, können im Zusammenhang mit der These der kulturellen Pluralisierung der modernen Gesellschaften gesehen werden, zu deren Stichwörtern der Begriff der „Globalisierung“ zählt. Die „Globalisierung“ hat eine lange Geschichte und ist nicht erst (wie nicht selten angenommen wird) mit dem Nachdenken über diese entstanden. Sie begann mit der ersten Wanderung des homo sapiens aus Afrika und wurde mit den Völkerwanderungen fortgesetzt. Es wird jedoch davon ausgegangen, dass sich der Globalisierungsprozess seit den siebziger Jahren des vergangenen Jahrhunderts erweitert und beschleunigt hat. Die Globalisierung wird oft auch als ein Prozess der Hybridbildung beschrieben, durch den eine globale Melange entsteht (vgl. FRIEBEN-BLUM, JACOBS 2000: 19). Auch Hybridbildung hat es zu allen Zeiten gegeben, die gegenwärtige Globalisierung kann als eine weitere Hybridbildung aus bereits hybriden Kulturen verstanden werden (vgl. ebd.: 22). Der Begriff der Globalisierung hat etwa seit Mitte der 90er Jahre innerhalb des politischen, als auch des wissenschaftlichen Diskurses an Bedeutung gewonnen. Mit „Globalisierung“ wird im Allgemeinen ein weltweit wirksamer Wandel gekennzeichnet, der sich durch eine enorme Geschwindigkeit und Intensität auszeichnet und den Kontakt, den

Austausch und die Vermischung zwischen den Kulturen, sowie die Entstehung neuer Kulturen umfasst (vgl. WAGNER 2002: 13). Globalisierung ist allerdings ein Begriff, der sich auf sehr unterschiedliche Entwicklungen bezieht. Die Globalisierung stellt insgesamt einen recht komplexen Prozess dar, der aus vielen widersprüchlichen Formen, Reichweiten und Ausdrucksweisen besteht und der sich aufgrund seiner vielfältigen Verwendungsmöglichkeiten einer eindeutigen Bestimmung entzieht (vgl. ebd.: 10). Er beschreibt Entgrenzungsprozesse die von den modernen Industrieländern ausgehen und sich als Veränderungen der Bereiche Politik, Wirtschaft, Gesellschaft und Kultur auf die gesamte Welt auswirken ("transnationale kapitalistische Integration" SENGHAAS 2002: 7). Der ökonomische Bereich gilt dabei als der am weitesten fortgeschrittene. Der Globalisierungsbegriff wird sowohl auf den Wandel in westlichen Industrieländern, als auch auf außereuropäische Gesellschaften angewendet, doch bleibt diese Verallgemeinerung problematisch, weil die Übertragung eine nicht vorhandene Gleichläufigkeit unterstellt, obwohl die Entwicklungen in Lateinamerika, Asien oder Afrika anders als in Westeuropa verlaufen:
Bezogen auf die ökonomische Entwicklung wird in den meisten außereuropäischen Gesellschaften, vor allem ein Phänomen ersichtlich, das als "strukturelle Heterogenität" (vgl. SENGHAAS 2002: 6) bezeichnet wird. Dieser Begriff beschreibt eine Gesellschafts- und Wirtschaftsstruktur, in der einerseits Tochterfirmen multinationaler Konzerne Ausbreitung erfahren, und anderseits eine zunehmend verarmende Selbstversorgungswirtschaft vorzufinden ist. Solche Gesellschaften sind durch höchst unterschiedliche Produktivitätsniveaus und Produktionsweisen geprägt, zu deren Folgen eine große Kluft zwischen Arm und Reich, zwischen den Privilegierten und den Marginalisierten innerhalb einer Gesellschaft zählt (vgl. SENGHAAS 2002: 7). Auf der kulturellen Ebene verhält es sich ähnlich, denn auch da sind in verschiedenen Teilen der Welt unterschiedliche Entwicklungen zu beobachten. Innerhalb der westlichen Industriestaaten wird der zunehmende kulturelle Austausch im allgemeinen als Bereicherung geschätzt, da er zu einer Vervielfältigung kultureller Impulse in der bildenden Kunst, im Film, in der Musik oder in der Literatur führt. Das erhöhte kulturelle Angebot verleiht diesen Gesellschaften ein postmodernes Flair der Stilmischungen (cross-over).

„Hier also haben wir es, von der räumlich eingrenzbaren Problematik der Integration von Migranten abgesehen, mit einer kulturellen Globalisierung de luxe zu tun. Gegenüber dieser ist die Lage in den Entwicklungsgesellschaften der Welt in aller Regel eine ganz andere. Dort wird allermeist der kulturelle Außeneinfluss, der aus der ökonomisch, technologisch und medienwirksam überlegeneren OECD-Welt stammt, als ein direkter Angriff auf die eigene (meist brüchig gewordene) Identität begriffen." (SENGHAAS 2002: 7)

Nach WAGNER (vgl. 2002: 13) lässt sich die neue Qualität der Globalisierung auf drei gesellschaftliche Veränderungen zurückführen, die zwar alle Länder, jedoch in verschiedenem Maße beeinflussen. Zu den drei zentralen Wirkungskräften zählen: Die schon erwähnte ökonomische Globalisierung, die weltweiten Migrationsprozesse, sowie die Medienentwicklung. Mit der Globalisierung haben sich auf der Ebene der Finanz- und Warenmärkte neue Verbindungen und Abhängigkeiten entwickelt. Kapital und Waren zirkulieren beinah grenzenlos um den Erdball, Güterproduktionen und Dienstleistungsangebote sind immer weniger an feste Standorte gebunden, was zu einer verstärkten Mobilität der Menschen führt:

„Führungskräfte und mittleres Management transnationaler Konzerne jetten um die Welt, Fachkräfte arbeiten wechselnd an unterschiedlichen Produktionsstätten auf verschiedenen Kontinenten, und Computerspezialisten werden an- und abgeworben, egal in welchem Land sie bisher oder zukünftig arbeiten." (Ebd.).

Neben der arbeitsbedingten Mobilität, überschreiten auch die TouristInnen die natio-ethno-kulturellen Grenzen. Diese Form der Grenzüberschreitung ist allerdings nur einem recht geringen und recht privilegierten Teil der Weltbevölkerung möglich. Doch auch diejenigen, die ihre Heimatorte nicht verlassen können oder wollen, werden durch die Präsenz der Angehörigen anderer Kulturkreise direkt vor Ort mit der kulturellen Pluralität konfrontiert. Einen erheblichen Anteil an der kulturellen Globalisierung tragen ebenfalls die (eher weniger auf einer freiwilligen Basis beruhenden) Migrationsprozesse bei[12] (vgl. ebd.). Auch die audiovisuellen Massenmedien spielen bei

---

[12] „Die aus sozialen, ökonomischen und politischen Gründen erzwungene Mobilität hat in den neunziger Jahren des 20.Jahrhunderts ein Ausmaß erreicht, das - trotz Völkerwanderung und Siedlungskolonialismus in früheren Jahrhunderten - bislang unbekannt war. Als "Zeitalter der Migration" (Stephen CASTLES) werden inzwischen das letzte Jahrzehnt des 20. und das erste des 21.Jahrhunderts bezeichnet. Nach dem Migrationsbericht der "Internationalen Organisation für Migration" (IOM) gab es 1975 75 Millionen Migranten, 20 Jahre später war die Zahl auf 105 Millionen gestiegen und beträgt nach UN-Schätzung heute 150 Millionen. Dabei finden diese

der gegenwärtigen Globalisierung eine wichtige Rolle, da diese eine globale Vernetzung von Kulturen und Künsten ermöglichen. WAGNER (vgl. ebd.: 14) zitiert eine UNESCO-Studie vom Ende der neunziger Jahre. Dieser Studie folgend haben 93 Prozent der Kinder weltweit (einschließlich Afrika) Zugang zu einem Fernsehgerät. Anfang der neunziger Jahre wurden knapp 700 Millionen Fernsehapparate und zwei Milliarden Radiogeräte verwendet, um Informations- und Kultursendungen zu empfangen. 1996 wurden pro 1 000 Einwohner der Industriestaaten 1005 Radio- und 524 Fernsehgeräte, in den "Entwicklungsländern" 185 Radio- und 145 Fernsehgeräte gezählt. Gegenwärtig zeichnet sich eine neue mediale Epoche am Horizont ab: Die elektronische Datenverarbeitung prägt immer mehr die Kommunikationsprozesse und Informationsverbreitung.

Bei der Zusammenfassung aller genannten Aspekte lässt sich konstatieren: Das was heute als Globalisierung auf der ökonomischen, gesellschaftlichen und medienwirtschaftlichen Ebene sichtbar wird, ist auf die Entwicklungen der vergangenen drei Jahrzehnte zurückzuführen. Die Reaktionen auf diese Außeneinwirkungen sind höchst unterschiedlich. Manche Gesellschaften, Gruppen oder Individuen halten eine "Verwestlichung" ihrer Kultur oder Gesellschaft für erstrebenswert. Diese Haltung ist in vielen postsozialistischen Staaten vorzufinden, wie z.B. in Polen. Andere wollen die westlichen Technologien nutzen, bei Beibehaltung der eigenen Kultur ("halbierte ModernistInnen"), wie es z.B. in Ostasien der Fall ist. Die TraditionalistInnen wehren sich strikt gegen den westlichen Einfluss, diese Gegenwehr kann von Ablehnung bis zum lokalen oder internationalen Terrorismus reichen, wie z.B. in Algerien oder dem Iran (vgl. SENGHAAS 2002: 8). Nach SENGHAAS ist der Umgang mit den westlichen Einflüssen davon abhängig, wie erfolgreich die sozioökonomische und politische Transformationsprozesse sind:

Wanderungsbewegungen vor allem zwischen den Ländern des Südens, innerhalb der so genannten "Dritten Welt", statt, davon ein Drittel in Afrika. Nur 5 Prozent betreffen Europa. Als Folgen des disproportionalen Wachstums - nach dem "Human Development Report" der UN-Entwicklungsorganisation lebten 1996 1,6 Milliarden Menschen schlechter als 15 Jahre zuvor -, mit der zunehmenden Umweltzerstörung und den kriegerischen Auseinandersetzungen ist eine Steigerung der internationalen und interkontinentalen Wanderungsbewegungen absehbar." (WAGNER 2002: 13f)

> „Sind, wie beispielsweise in Ostasien, die Transformationsprozesse relativ erfolgreich, so sind die kulturellen Veränderungsprozesse zwar schmerzhaft, aber von Anpassungsfähigkeit und Lernoffenheit gekennzeichnet. Befinden sich demgegenüber Gesellschaften in einer tiefen Entwicklungskrise, so akzentuieren sich die kulturellen Verwerfungen, wobei ein Nährboden für ein breites Spektrum von meist gleichzeitig beobachtbaren Reaktionsweisen entsteht. Unter dem Vorzeichen einer chronischen Entwicklungskrise wird der Kulturkonflikt vor Ort fast unausweichlich zu einer Auseinandersetzung über die Ausrichtung der öffentlichen Ordnung." (Ebd.)

Die hier beschriebenen Prozesse haben mit der im Westen gepriesenen spielerischen Vermischung von Kulturen nicht viel zu tun, daher ist es wichtig innerhalb der Globalisierungsdiskussion die verschiedenen Kontexte und die damit zusammenhängende Sachverhalte zu unterscheiden (vgl. SENGHAAS 2002: 8). Ein für die folgenden Überlegungen bedeutsamer Effekt der Globalisierung ist bisher noch nicht thematisiert worden, obwohl er nahe liegt. Auch bezogen auf die sogenannten westlichen Kulturen gehen die Auswirkungen der Globalisierung mit einem veränderten modernen, westlichen individuellen und kollektiven Identitätsverständnis einher. Die zuvor beschriebenen Prozesse der Globalisierung wirken sich auf die Lebensweisen und Formen der modernen Gesellschaften aus. Das gesteigerte Pluralitäts- und Heterogenitätsbewusstsein kultureller Identitäten hat zur Folge, dass die gängigen und gültigen Einordnungskategorien und Erklärungsmuster der natio-ethno-kulturellen Identität als Orientierungen für die fortlaufenden Identitäts- und Gruppenprozesse nicht mehr ausreichen (vgl. GÖTTLICH 2000: 43). Die Verunsicherungen der tradierten Identitätsvorstellungen können auf die pluralisierenden Effekte der Globalisierung zurückgeführt werden. Vor allem die Migrationsprozesse tragen dazu bei, dass nationalen Kulturen fragmentiert werden. Mit der Erfahrung der Fragilität, durch das unmittelbare und nachhaltige Zusammentreffen der Kulturen wird das auf der nationalen Identität beruhende Selbstvertrauen unwiderruflich verändert. Im Zusammenhang mit diesen Veränderungen der kollektiven und individuellen Identitätskonzepte wird auch von der „Krise des Subjekts" oder der „Dezentrierung" (vgl. HALL 1994: 181) gesprochen.

2.2.1. Die Krise der Identität und die Dezentrierung des Subjekts

Wird die bis zu diesem Punkt vorgenommene begriffspolitische Klärung auf die Diskussion um Identität bezogen, dann ist bei den erwähnten Auswirkungen der Globalisierung die Frage interessant, was mit den bis weit ins 20.Jh. hinein tragfähig gebliebenen essentialistischen Identitätskonzepten geschieht. Aufgrund der fortschreitenden Globalisierung, kann kulturelle Identität auch in den kapitalistischen Zentren immer weniger (im Sinne des Herrschaftsdiskurses) als Bewahrerin eines Wesens oder einer Essenz gedacht werden. Vielmehr muss sie im Zusammenhang mit dem neuen Globalisierungsschub des Weltkapitalismus betrachtet werden, durch den die Interdependenz, Raum-Zeit-Verdichtung und die internationale Migration ausgeweitet wurden und eine neue Qualität erlangten. Die vielfältigen Prozesse der Globalisierung stellen erweiterte Möglichkeiten für die Darstellung von Identität bereit. Sie gehen mit der Tendenz einher, dass sich die unterschiedlichsten Institutionen, soziale Gruppen, aber auch Individuen zunehmend global positionieren können (z.B. zu Märkten, Medien oder globalen Kulturproduktionen) (vgl. FRIEBEN-BLUM, JACOBS 2000: 19).
In dem Abschnitt über die Globalisierung versuchte ich aufzuzeigen, wie das gesellschaftliche Leben immer mehr durch Prozesse der globalen Vermarktung, durch internationale Reisen, sowie global vernetzte Medienbilder und Kommunikationssysteme verändert wird. In Bezug auf die kollektiven und individuellen Identitäten haben diese Wandlungen zur Folge, dass diese sich immer stärker von eingegrenzten Orten, ihren Vergangenheiten und den Traditionen abzulösen beginnen (vgl. HALL 1994: 212).

> „Die Globalisierung hat eine pluralisierende Wirkung, schafft eine Vielzahl von Identitäten und neuen Positionen der Identifikation und gestaltet Identitäten positionaler, politischer, pluraler und vielfältiger sowie weniger fixiert, einheitlich und transhistorisch.“ (Ebd.: 217)

Die momentan erkennbaren Folgen des neuen Globalisierungsschubs in Bezug auf kollektive Identitäten wie Nation, Klasse oder Ethnizität sind der Verlust ihrer Bindekraft. Das individuelle Subjekt, wird fragmentiert, zerstreut und dezentriert (vgl. ebd.: 10, 180f). Der Begriff der Dezentrierung soll den Verlust der stabilen Selbstwahrnehmung beschreiben, der aus einer doppelten Verschiebung mündet: Er bezieht sich einerseits auf die Verortung in der sozialen und kulturellen Welt, anderseits auf das Verhältnis des Individuums zu sich selbst. Diese doppelte Verschiebung wird auch als Krise der Identität bezeichnet. Die alten Identitäten, die über eine längere Zeit die soziale Welt der Moderne stabilisierten, verlieren immer mehr an ihrem Bedeutungszusammenhang (vgl. ebd.: 180f). Die „Dezentrierungs-These" postuliert folglich den Umbruch der modernen Identitäten im späten zwanzigsten Jahrhundert, die durch einen besonderen Typ des strukturellen Wandels transformiert werden. Die feste Verortung durch soziale Kategorien wie Klasse, Geschlecht, Sexualität, Rasse, Nation und Ethnizität wird brüchig und zerfällt in Fragmente (vgl. ebd.: 181). Um den Prozess der Dezentrierung[13] des Subjekts der Spätmoderne verständlich zu machen, werde ich mit einer kurzen Beschreibung der Diskurse beginnen, die zur Gestaltung der modernen Gesellschaften und der „Zentrierung" des Subjekt beitrugen und die als Grundlage der Diskurse des modernen Denkens angesehen werden können (vgl. ebd.: 187).

2.2.2. Veränderungen der Identitäts- und Subjektkonzepte

In diesem Abschnitt soll aufgezeigt werden, dass sich die Vorstellungen von Identität immer wieder verändert haben, womit der konstruierte Charakter von Identität herausgearbeitet werden soll. Der Schwerpunkt liegt dabei auf dem Übergang von einem modernen zu einem postmodernen Verständnis von Identität. In der Vormoderne wurde von einer gottgegebenen Ordnung ausgegangen, die nicht in Frage gestellt werden durfte und die eine starke Bindung der Individuen an die symbolisch bestehenden Traditionen und Strukturen enthielt. Mit dem Renaissance-Humanismus im 16. Jahrhundert entstand der Gedanke des „souveränen Individuums". Der Mensch (der Mann) wurde ins Zentrum des Universums gerückt. Die Vorstellungen über das

[13] Die Geschichte des Subjekts, seiner Zentrierung und Dezentrierung zu erzählen, beinhaltet nicht die Annahme, dass in der Vergangenheit Identitäten irgendwann vollkommen einheitlich gewesen wären und dies jetzt nicht mehr sind. Vielmehr handelt es sich um eine extreme Vereinfachung, die es an dieser Stelle ermöglichen soll, die Veränderungen des modernen Subjekts leicht verständlich zu machen (vgl. HALL 1994: 187).

individuelle Subjekt und seine Identität (Entität und Einzigartigkeit des Subjekts) leiteten in Europa die Individualisierung ein. Die aus der Aufklärung im 18. Jahrhundert hervorgegangene industrielle Revolution des 19. Jahrhunderts, begründete das Bild von Menschen als vernunftbegabt, rational und wissenschaftlich. Seit der Zeit der Aufklärung herrscht/e in modernen Gesellschaften die individualistische Konzeption des Subjekts vor. Das Subjekt der Aufklärung ist ein vollkommen zentriertes und vereinheitlichtes, mit dem Vermögen der Vernunft und der Handlungsfähigkeit ausgestattetes Individuum. Sein Zentrum (das „Ich“) im Sinne eines inneren Kerns, bleibt während der gesamten Lebensdauer dasselbe. Das Subjekt der Aufklärung ist, wie die kritische Auseinandersetzung mit diesem Konzept inzwischen gezeigt hat, außerdem geschlechtlich und rassistisch konnotiert: Es ist weiß und männlich.

Seit der Aufklärung wurde die Identität der Subjekte als der Kern oder das Wesens des Seins definiert, doch diese Vorstellung ist nun nach HALL (vgl. 1994: 181) nicht mehr haltbar. Mit der Etablierung der Soziologie wurde das essentialistische Konzept der Aufklärung kritisch hinterfragt. Orientiert am Rahmen des symbolischen Interaktionismus, als klassischer Konzeption des Gegenstandes, wird die Entstehung und Entwicklung der Identität als eine Interaktion zwischen einem Ich und der Gesellschaft begriffen. Im Rahmen des Konzepts der interaktiven Identität wird ebenfalls ein innerer Kern, ein Wesen, das das „wirkliche Ich“ ist gedacht. Dieses „Ich“ wird jedoch durch einen kontinuierlichen Dialog mit der Außenwelt gebildet und modifiziert. Die Identität verklammert das Individuum mit der Struktur (vgl. ebd.: 182). Die Dezentrierung des Subjekts gehört in den Bereich der postmodernen Subjektkonzepte. Während bisher, vereinfacht zusammengefasst, die Subjektkonzeptionen eine eindeutige Identität postulieren, wird die Identität innerhalb der postmodernen Subjektkonzepte zu einer Illusion erklärt (vgl. ebd.). Das Subjekt von dem angenommen wurde, dass es eine einheitliche und stabile Identität hat, wird fragmentiert. Es setzt sich aus vielen verschiedenen, widersprüchlichen, zum Teil unvereinbaren Identitäten zusammen. Das postmoderne Subjekt ist ohne eine gesicherte, wesentliche oder anhaltende Identität konzipiert (vgl. ebd.: 183). Diese Fähigkeit der Individuen mehrere Organisationsmöglichkeiten gleichzeitig zu nutzen, ohne einer von ihnen eine besondere Priorität zu verleihen, ermöglicht die Herausbildung multipler Identitäten und bedeutet die Dezentrierung des Subjekts (vgl. FRIEBEN-BLUM, JACOBS 2000:

19). Die Dezentrierung des Subjekts oder der Abschied von der Vorstellung einer essentialistischen Konzeption der Identität, steht für HALL (vgl. 1994: 69) im Zusammenhang mit der Konfrontation der westlichen Welt mit anderen Kulturen. Neben den stark durch das Außen beeinflussten Erfahrungen, relativierten auch innere Prozesse das westliche Selbstverständnis. Vor allem die Geschichte des zwanzigsten Jahrhunderts wurde im Wesentlichen durch den Kampf der Marginalisierten um Repräsentation verändert:

> „Die neu aufkommenden Subjekte, Geschlechter, Ethnizitäten, Regionen und Gemeinschaften, die bisher von den bedeutenden Formen der Repräsentation ausgegrenzt wurden und die sich selber nur dezentriert und subaltern verorten konnten, erkämpfen erstmals – manchmal in einer sehr marginalisierten Weise- die Mittel, mit denen sie für sich selber sprechen konnten." (HALL 1994: 59)

Die Infragestellung des weißen, männlich geprägten Blickes durch die am Rande Positionierten verstärkte die Verschiebung der Bedeutung der bis dahin unantastbaren kollektiven Identitäten und ihrer Kategorien. Der beginnende Untergang der Ära der großen kollektiven Identitäten (Rasse, Klasse, Geschlecht), sowie der Nationalstaaten und damit auch der nationalen Identitäten hat jedoch nicht zur Konsequenz, dass diese verschwunden sind. Ihr Einfluss und ihre Wirksamkeit sind weiterhin in der real existierenden Welt präsent. Allerdings können sie nicht mehr in einer homogenen Weise gedacht werden. Der kritische Blick gilt ihren inneren Differenzen und Widersprüchen, sowie der angeblichen schon immer vollendeten Homogenität (vgl. HALL 1994: 70).[14] Parallel zu der Dezentrierung der individuellen und kollektiven Identitäten der westlichen Subjekte wird die Globalisierung von einem weiteren geschichtlichen Phänomen begleitet, der in der

> „Regression, hin zu einer defensiven und höchst gefährlichen Form der nationalen Identität zu beobachten (ist), die durch eine sehr aggressive Form des Rassismus angetrieben wird." (HALL 1994: 51)

D.h. die dezentrierende, und pluralisierende Wirkung der Globalisierung auf Identitäten und der damit einhergehende Bedeutungsverlust der kollektiven Identitäten wie

---

[14] Es stellt sich generell die Frage, ob die großen kollektiven Identitäten irgendwann mal homogener, essentieller und weniger Widersprüchlich waren, oder ob es sich eher um sentimental verzerrte Rekonstruktionen der Vergangenheit handelt (vgl. HALL 1994: 71).

Nation, Rasse, Geschlecht und Kultur führt auch zu einer „Wiederentdeckung" des nationalen und religiösen Fundamentalismus. Angesichts der Pluralisierung der „internen" Differenzen (teils durch Sichtbarmachung, teils durch Neubildung oder Vermischung), wird die Identität vor allem durch symbolische „Gegenbilder" markiert (vgl. TERKESSIDIS 1999: 6).

Die beschriebenen Prozesse der Globalisierung lassen die Vorstellung von statischen, in sich einheitlichen, homogenen Kulturen für viele WissenschaftlerInnen fragwürdig erscheinen. Vor allem während der 80er und 90er Jahre hat das gegen essentialistische Vorstellungen gerichtete Paradigma sozialer Konstruktion in den Sozialwissenschaften eine außerordentliche Konjunktur erfahren. In diesem Zusammenhang spielen die poststrukturalistischen und postmodernen Ansätze eine wichtige Rolle, die auf die Dekonstruktion verschiedenster Identitäts- und Subjektvorstellungen abzielen. Neben den bereits erwähnten PoststrukturalistInnen, haben sich ebenfalls die Post-FeministInnen (z.B. Judith BUTLER) gegen eine essentialistische Vorstellung von Differenz, Kultur und Identität ausgesprochen. Im postkolonialen Diskurs findet eine Auseinandersetzung statt, die sich in einer zentralen Weise mit den Auswirkungen der Globalisierung auf natio-ethno-kulturelle Identitäten beschäftigt. Der postkoloniale Diskurs[15] zeichnet sich vor allem durch die Hervorhebung der Außen- und Innenperspektive der marginalisierten MigrantInnen aus. Er

[15] „Postkolonial" soll dabei weniger auf der chronologischen Ebene auf die Zeit nach der politischen Unabhängigkeit von der westlichen Kolonialmacht verweisen, sondern soll vielmehr eine Analysekategorie der diskursiven, kulturellen, historischen und politischen Aspekte eines nicht abgeschlossenen Kolonialdiskurses kennzeichnen. Der postkoloniale Diskurs befasste sich zunächst mit der literarischen Verarbeitung der Erfahrungen von diskriminierten Gruppen und marginalisierten MigrantInnen, aus denen mittels wissenschaftlicher Aufarbeitung innerhalb der britischen und amerikanischen „cultural studies" ein kritischer theoretischer Ansatz entstanden ist, der bei der theoretischen Auseinandersetzung mit Migrationserfahrungen wichtige Anhaltspunkte bietet. Der postkoloniale Diskurs stellt einen Gegendiskurs zu dem Diskurs „vom Westen und dem Rest" dar, indem er die kolonialen Institutionen, Praktiken und Texte mittels der diskursanalytischen Methode der Dekonstruktion neu zu lesen versucht (vgl. HA 2002: 8). Mit den Problemen und Fragen der natio-ethno-kulturellen Identität im Zeitalter der kulturellen Rekonfiguration (vgl. TERKESSIDIS 1999: 3) haben sich in dieser Forschungsrichtung neben Stuart HALL, z.B. Iain CHAMBRES und Homi BHABHA beschäftigt.

> „repräsentiert den marginalisierten Blick in und aus den kapitalistischen Peripherien und verfolgt dabei die gegenwärtige Mutikulturalismus-Debatte bis zu den historischen Formen der Globalisierung im Zeitalter des Kolonialismus zurück." (HA 2002: 8)

Während vor allem die Sozialwissenschaften in den letzten Jahren ausgiebigst auf den Konstruktionscharakter von kollektiven Identitäten und mitunter auch auf die Problematik des Begriffes kollektiver Identität hingewiesen haben, scheint die (identitäts-)politische Praxis von diesen Erkenntnissen kaum erschüttert worden zu sein: Die essentialistischen Konzepte kollektiver und kultureller Identität bleiben weiterhin beinahe allgegenwärtig und die Diskussion um essentialistische und auch antiessentialistische Vorstellungen hat nichts an ihrer Aktualität verloren. Auf der Ebene der politischen Repräsentationen kann keineswegs von einer Abkehr gegenüber essentialistischen Vorstellungen gesprochen werden. Bewegungen die sich auf feststehende kulturelle Identitäten berufen, gehören weiterhin in allen Teilen der Erde zur Normalität. Die beschriebenen Globalisierungsprozesse scheinen das eher zu fördern denn zu überwinden. In dieser Auseinandersetzung um die Gleichberechtigung von Gruppen und Individuen mit partikularen Forderungen gegenüber den Prinzipien der Mehrheitsgesellschaft werden gegenwärtig verschiedene Positionen zur kultureller Differenz und die daran geknüpften unterschiedlichen Handlungsperspektiven zu deren Bearbeitung und Bewältigung diskutiert. Die Antworten auf die Frage nach dem Umgang mit Minderheiten („Politik des Multikulturalismus" vgl. NEDERVEEN PIETERSE 1999: 180) sind hauptsächlich davon abhängig, wie die Entstehung natio-ethno-kultureller Zugehörigkeitskontexte (vgl. MECHERIL 2000: 232) interpretiert wird und welche Auffassung von der Globalisierung besteht.

2.3. Verschiedene Perspektiven auf „kulturelle Differenz"

Mit Bezugnahme auf NEDERVEEN PIETERSE (vgl. 1999: 167f) lassen sich die Betrachtungsweisen der „kulturellen Differenz" in drei verschiedene Paradigmen, die eine unterschiedliche „Politik der Differenz" vertreten, unterteilen: Des kulturellen Differenzialismus, der kulturellen Konvergenz und der kulturellen Hybridisierung. Die Verschiedenheit der Positionen ist nicht nur zwischen den einzelnen oppositionellen Betrachtungsweisen von natio-ethno-kultureller Identität ein ständiges Streitthema, genauso differenzieren sich intern unterschiedliche Auffassungen, je nach dem, wie das Phänomen der kulturellen Pluralisierung eingeschätzt wird und wie damit umgegangen werden soll. Die unterschiedlichen Paradigmen mit ihren internen Differenzierungen sollen in den nächsten drei Abschnitten etwas genauer betrachtet werden.

2.3.1.Kultureller Differenzialismus

Der kulturelle Differenzialismus ist nach NEDERVEEN PIETERSE (vgl. 1999: 168) die älteste Wahrnehmung von Differenz und zeichnet sich vor allem durch ein Modell von Kulturen aus, in dem diese als statische, separate Einheiten gedacht werden (vgl. ebd.: 172). Diese Position favorisiert die Annahme, dass kulturelle Differenzen essentialistisch und daher unabänderlich sind. Die als essentialistisch verstandenen kulturellen Differenzen können auf unterschiedliche Weise gedeutet werden: Sie können als a) Bedrohung oder Desintegration: Ethnopluralismus oder b) Bereicherung: Multikulturalismus interpretiert werden.

a) Kulturelle Differenz als Bedrohung oder Desintegration: Ethnopluralismus

Im Zusammenhang mit der zunehmenden globalen Entgrenzung wird im Rahmen dieser Position davon ausgegangen, dass die verstärkte Konfrontation mit der unüberwindbaren Verschiedenheit zu einer Zunahme der Rivalitäten und Konflikte zwischen den Kulturen führen wird (vgl. NEDERVEEN PIETERSE 1999: 183). Innerhalb dieser Betrachtungsweise ist eine Perspektive vorzufinden, die den Umgang mit kulturellen Differenzen als einen „Kampf der Kulturen“ beschreibt. Zu den bekannten Vertretern dieser Richtung zählt der Politikwissenschaftler Samuel HUNTINGTON, der 1993 einen Aufsatz mit dem Titel „The clash of civilisations“ veröffentlichte, in dem er als zukünftige Prognose nach dem Ende des kalten Krieges ständige kulturelle Auseinandersetzungen voraussagt und dessen Argumentation sich vor allem auf den

Konflikt zwischen dem „Westen“ und dem „Islam“ (aber auch den asiatischen Ländern) bezieht (vgl. ebd.: 168). Die Identitätssuche, die sich an lokalen, regionalen und nationalen Bezügen orientiert, kann sowohl bei MigrantInnen, natio-ethno-kulturellen Minderheiten in der südlichen Hemisphäre aber auch in den westlichen Industrieländern vorgefunden werden. Die Wiederentdeckung oder Rückbesinnung auf lokale kulturelle Traditionen wird der sich immer stärker ausbreitenden kulturellen Vielfalt entgegengesetzt. Doch die

> „verstärkte Beziehung auf lokale, regionale und nationale Kulturen geht dabei öfter, wie gegenwärtige Kriege und gewaltsame Konflikte in vielen Teilen der Welt zeigen, weit über eine Identitätsstabilisierung in Zeiten kultureller Globalisierung hinaus und dient zur ideologischen Begleitung und Legitimation von Unterdrückung, Unterwerfung und Kriegen.“ (WAGNER 2002: 16)

In den die kulturelle Differenz betonenden Diskursen gewinnt der lange (zumindest in der Öffentlichkeit) aufgrund der deutschen Geschichte des Nationalsozialismus tabuisierte biologische Determinismus wieder an Bedeutung. Indem er in einer erneuerten Version nicht mehr die „rassischen Unterschiede“ naturalisiert, sondern rassistische Ideen, Emotionen und Verhaltensweisen für „natürlich“ erklärt, wird die „Fremdenangst“ (Xenophobie) zu einem genetisch determinierten und universellen Phänomen (vgl. KOSSEK 1999: 16). Der biologisch argumentierende Rassismus[16] wird heute im Allgemeinen in den Wissenschaften als soziale Konstruktion betrachtet. Vor allem EthnologInnen und SozialanthropologInnen thematisieren die kulturellen Unterschiede als historisch-kulturelle Phänomene. Die Relativität der kulturellen Unterschiede kann mit der kulturrelativistischen Betrachtungsweise, die die eigenen kulturelle Befangenheit und damit die fehlende Objektivität bei der Betrachtung und Bewertung kultureller Differenzen betont (wie z.B. LEVI-STRAUSS) ergänzt werden

---

[16] PRIESTER (vgl. 1997: 14) verortet das erste Auftreten des Rassismus im 14/15 Jh. Sie versteht ihn als eine neue Form des hierarchischen Denkens, die in dem Moment aufgetreten ist, in dem die alte, sich durch eine göttliche Ordnung legitimierende hierarchische Struktur an Bedeutung einbüßte. PRIESTER (vgl. ebd.: 17) weist ebenfalls darauf hin, dass bei der Genese des Rassismus viele unterschiedliche Fäden zusammenlaufen. Der Rassismus besteht aus unterschiedlichen Komponenten und Funktionen, so bedarf es z.B. einer Unterscheidung. zwischen dem Rassismus, der sich seit dem 14/15Jh. im westlichen Europa in Form von Antisemitismus ausweitete (und der auch nicht mit dem Antisemitismus im Nationalsozialismus gleichgesetzt werden sollte) und dem Rassismus der USA, der aus der Kolonialisierung hervorging.

(vgl. WILLEMS 1993: 96). Der biologisch begründete Rassismus, der bestimmte äußere Merkmale (wie z.B. Haut- oder Haarfarbe) hervorhebt, um sie als Zeichen weiterer Merkmale wie z.B. der Intelligenz oder moralischer Qualitäten zu deuten, findet seit dem Holocaust nur noch selten in der Öffentlichkeit seine FürsprecherInnen. Gleichzeitig kann eine „Renaissance des Rassismus" (vgl. WILLEMS 1993: 96) beobachtet werden. Eine neue Version des Rassismus, die den Rassismusbegriff auf kulturelle Unterschiede ausweitet, scheint an Bedeutung zu gewinnen. Diese Rassismusversion geht ebenfalls von unaufhebbaren, kulturellen Differenzen zwischen Gruppen und Völkern aus

> „und leitet daraus ein Recht auf kulturelle Integrität. Homogenität und Stabilität ab. Das heißt, der kulturalistische Rassismus vermag ebenso wie der biologische Rassismus Praktiken der Ausgrenzung und Abschiebung zum Zwecke der Bewahrung eigenen Kultur zu legitimieren." (Ebd.: 96)

Diese Argumentationslinie ist z.B. im rechten Parteiflügel der Bundesrepublik vorzufinden, wenn Sorge um die Wahrung der kulturellen Identität von Deutschen und der AusländerInnen angesichts der „Vermischungsgefahr" artikuliert wird und mit dieser Besorgnis eine verstärkte Rückführung der AusländerInnen in ihre Heimatländer begründet wird. Während sich der auf biologischen Thesen stützende Rassismus von einer angeborenen (intellektuellen und moralischen) Ungleichheit einzelner Gruppen, die als „Rassen" bezeichnet werden ausgeht und daraus ungleiche Rechte bis hin zur Legitimation der Vertreibung oder Gewaltanwendung gegen „minderwertige Rassen" ableitet, ist die Bewertung kulturelle Differenzen, bei dem „differenziellen Rassismus" (geprägt von TAGUIEFF und von BALIBAR übernommen) weniger eindeutig. Der differenzielle Rassismus beruft sich auf ein „universalistisches Recht" auf kulturelle Differenz, die nach dem Zweiten Weltkrieg von AntirassistInnen und HumanistInnen zum Schutz der Minderheiten artikuliert wurde. Doch genau dieser Argumentation, die die Angehörigen von Minderheiten, deren Traditionen und Identitäten vor den Assimilationsforderungen der Mehrheitsgesellschaften oder den kapitalistischen Homogenisierungsprozessen wahren sollte, bedient sich der heutige differenzielle Rassismus um sich der kulturellen Minderheiten zu entledigen (vgl. PRIESTER 1997: 24). WILLEMS sieht eine eindeutige Unterscheidungslinie zwischen dem biologischen und kulturalistischen Rassismus. So muss nach WILLEMS (vgl. ebd.: 96) die Rückführungsforderung nicht unbedingt mit der Annahme der Höherwertigkeit der eigenen (in diesem Fall der deutschen) Kultur einhergehen. Er verkennt zwar nicht, dass das Beharren auf die Wahrung der kulturellen Identität auch zur Gewaltanwendung führen kann (vgl. ebd.: 97), jedoch verharmlost er aus meiner Sicht den kulturalistischen Rassismus, wenn er davon spricht, dass vor allem die Angehörigen der Mehrheitsgesellschaft schnell unter den Rassismusverdacht geraten,

> „wo Menschen lediglich (Hervorhebung durch E.Z.) das Recht auf kulturelle Identität für sich reklamieren" (ebd.: 97).

M.E. sind die Grenzen zwischen den beiden Rassismusformen wesentlich fließender. Die Annahme der durch unterschiedliche Entwicklungen entstandenen kulturellen Unterschiede vermischt sich recht häufig mit hierarchischen Bewertungen (wie z.B. zwischen den modernen und rückständigen Gesellschaften). Ebenso eignen sich wie bereits erwähnt auch die rechtsextremen und -radikalen Positionen nicht selten die kulturalistische Rassismusvariante an, um die eigenen biologisch-genetischen Rassismusideen besser in der Öffentlichkeit vertreten zu können. Auch BALIBAR (vgl. 1990: 23) zieht im Gegensatz zu WILLEMS diese Grenzlinie zwischen kulturell und biologisch begründeten Rassismus nicht. Nach BALIBAR (vgl. ebd.: 23f) gehören die offensichtlichen Formen der Gewaltanwendung, der Missachtung, der Intoleranz, der Erniedrigung und Ausbeutung genauso in die rassistische Praxis wie die Diskurse, die auf der Wahrung der kulturellen Identität beruhen und vor der „Vermischung" oder der „Überflutung" warnen und sich dabei einer Stereotypisierung von Merkmalen (Name, Hautfarbe, Religion) bedienen. Auf die Frage nach dem neuen Rassismus, antwortet BALIBAR (vgl. ebd.: 28) mit der These eines „Rassismus ohne Rassen", der in erster Linie das Recht auf Wahrung der kulturellen Identität betont. Dieses Recht wird sowohl für die eigene als auch für andere Gruppen postuliert und mit der Naturalisierung der Angst vor Vermischungsprozessen, oder um einen zentralen Begriff dieser Arbeit zu verwenden, vor der Hybridisierung, begründet. Demnach

> „muss jede Vermischung dieser Differenz notwendig Abwehrreaktionen auslösen, zu „interethnischen" Konflikten und generell zu einem Anstieg der Aggressivität führen." (BALIBAR 1990: 30)

Auf diesem Wege wird die Problematik des Rassismus verlagert, indem nicht mehr

> „die rassische Zugehörigkeit, sondern das rassistische Verhalten zu einem natürlichen Faktor erklärt" (ebd.) wird.

Es geht also nicht mehr um die Konstitution der Rassen, sondern um die Bedeutung der Abgeschlossenheit der Kulturen und Traditionen für ihr Überleben und den auf diese Weise begründeten naturgegebenen

> „Grundlagen von Xenophobie und gesellschaftlicher Aggressivität. Die Aggressivität stellt ein fiktives Wesen dar, dessen Anrufung allen Formen des Neorassismus gemeinsam ist und die es ermöglicht, den Biologismus ein Stück zu verschieben, zweifellos gibt es keine „Rassen", es gibt nur Bevölkerungen und Kulturen, aber es gibt doch biologische (und biopsychische) Ursachen und Wirkungen der Kultur, sowie biologische Reaktionen auf die kulturelle Differenz (die gleichsam wie eine unauslöschliche Spur der Animalität des immer noch an seine erweiterte „Familie" und an sein „Territorium" gebundenen Menschen bilden)." (BALIBAR 1990: 35)

Bei der Annahme immerwährender, da naturgegebener Kulturkonflikte und –rivalitäten, führt der Umgang mit dem Phänomen des kulturellen Pluralismus im Extremfall in eine Einschließungs- und Apartheidpolitik (vgl. NEDERVEEN PIETERSE 1999: 180). Dieser politische Standpunkt plädiert für kulturelle Segregation und Separation und steht für die Betonung des Lokalen (rückwärts gewandte Suche nach Traditionen und vormodernen Ritualen, oder: Zurück zu den Wurzeln). Die Betonung der lokalen Traditionen kann sowohl von der kulturell dominanten Gemeinschaft ausgehen, die sich durch die Präsenz anderer Kulturen irritiert oder bedroht fühlt, als auch von den Minderheiten, als Reaktion auf Ausschließung seitens der Mehrheitsgesellschaft, wirksam werden („Reidentifikation mit der Herkunftskultur" vgl. HALL 1994: 216). Diese Selbstethnisierung von Minderheiten, die als eine Reaktion auf Fremdethnisierung verstanden werden kann, erfüllt eine wichtige soziale Funktion, Sie dient als Entschädigung für das vom alltäglichen Rassismus geprägte Leben in der Migration, das von repressiver Ausländerpolitik und sozi-ökonomische Benachteiligung dominiert wird[17]. Die ethnische Gemeinschaft steht dann für eine Heimat in der Fremde.

> „So wird der Rückzug auf das Fundament einer scheinbar gegebenen ethnischen Identität zu einer Frage der Selbstbehauptung, die durch den Mythos Heimat untermauert wird. Die-

---

[17] MigrantInnen werden in ihrem Alltag mit mehr oder weniger direkter Diskriminierung in den Bereichen Wohnung, Arbeit, Gesundheitswesen, Rechtssprechung und Überwachung konfrontiert (vgl. KOSSEK 1999: 27).

> se Mythologisierung erwächst aus dem Gefühl, in der BRD nie angekommen zu sein, weil die Eingewanderten hier meist als Fremde behandelt werden." (HA 2002: 2)

Die Selbstethnisierung ist eine Antwort auf den gesellschaftlichen Rassismus indem sie die Entwicklung eines Selbstbewusstseins gegen vorherrschende Negativitätszuschreibungen fördert. Die Aufwertung der eigene ethnischen Gemeinschaft ermöglicht politisches Handeln indem sie den Individuen die Chance bietet aus der gesellschaftlichen Abwertung und/oder Unsichtbarkeit hervorzutreten. Ethnische Identifikation marginalisierter Gruppen kann ein Gefühl der Zusammengehhörigkeit, Solidarität, Geborgenheit und politischer Handlungsfähigkeit vermitteln, das die alltägliche Konfliktbewältigung in der Fremde erträglich macht. Problematisch an der Selbstethnisierung ist aber, dass diese zu einer Erstarrung der Traditionen führen kann, wo keine internen Differenzen geduldet werden und wo im Gegensatz zum Herkunftsland kaum noch eine Weiterentwicklung stattfindet (Konservierung von Traditionen). Die ethnisierte Gemeinschaft von MigrantInnen ist genauso wenig fraglos homogen oder uneingeschränkt solidarisch wie die der Mehrheitskultur. Die Vorstellungen von essentialistischen kulturellen Unterschieden, unabhängig davon, ob sie der Fremd- oder der Selbstethnisierung dienen, sind stets der Gefahr ausgesetzt die interne Heterogenität und damit die eigenen kulturellen Minderheiten und Widersprüche zu unterdrücken (vgl. HA 2002: 3f). Die Hervorhebung der lokalen Zugehörigkeit, die die Wechselwirkung zwischen dem Lokalen und Globalen ausblendet, zeichnet sich durch starke Abgrenzung gegenüber anderen Kulturen aus und fördert eine „Politik der Xenophobie". So findet im Zeitalter der Globalisierungsprozesse ein massiver Rückzug auf ausgrenzende, ethnisierende und essentialistische Identitätskonstruktionen statt. Besonders ersichtlich werden solche Versuche, die „reinen", traditionellen Kulturen und Identitäten „wiederherzustellen", z.B. an der Rückkehr des Nationalismus in Osteuropa oder dem Aufstieg des Fundamentalismus (vgl. HALL 1994: 219).

b) Kulturelle Differenz als Bereicherung: Multikulturalismus

Von essenziellen kulturellen Unterschieden gehen auch die Theorien des Kulturpluralismus aus, die der linksorientierten Politik zugeordnet werden. Konträr zu der gerade skizzierten Vorstellung von einem steten „Kampf der Kulturen“ wird hier eine multikulturelle Gesellschaft positiv konnotiert. Diese theoretischen Konzepte können vereinfacht unter dem Begriff des Kulturrelativismus zusammengefasst werden. Kulturrelativistische Positionen betrachten Kulturen als völlig unterschiedliche, in sich geschlossene Einheiten mit eigenen Werte- und Normsystemen, die aus dem eigenen, kulturell voreingenommenen Standpunkt heraus nicht gewertet werden können. Ihre VertreterInnen sehen Staaten wie Frankreich oder Deutschland als eine Ansammlung unterschiedlicher Kulturen, die neben- und miteinander leben. Ein gleichberechtigtes Leben vieler Kulturen innerhalb einer Gesellschaft soll dazu verhelfen die Schwierigkeiten im Umgang mit den Unterschieden zu überbrücken (vgl. PRENGEL 1995: 85). Der kulturrelativistische Multikulturalismus betont die Geschlossenheit von Kulturen und ihren internen Wert für diskriminierende Gruppen. Die kulturellen Unterschiede werden innerhalb dieser Position aufgewertet, während der spezifische historische und politische Kontext ihrer Entstehung außer Acht gelassen wird, lautet die Kritik. Die Rhetorik der kulturellen Bereicherung übergeht die realexistierenden sozialen Benachteiligungen, kulturelle Nicht-Präsentation und politische Fremdbestimmung. Infrage gestellt wird ebenfalls die „positive“ Diskriminierung der MigrantInnen und Flüchtlinge mittels Fetischisierung, Exotisierung und Verobjektivierung. Des Weiteren wird an dieser Betrachtung der kulturellen Pluralität kritisiert, dass das Fehlen eines für alle gültigen gesellschaftlichen Orientierungsrahmens und das Aufeinanderprallen unterschiedlicher (zum Teil konträrer) Werte- und Normsysteme zu einer Verschärfung kultureller Konflikte führen kann.

2.3.2. Die „Konvergenz-These“

Die Überlegungen zur kulturellen Konvergenz lassen sich auf den frühen Evolutionismus des 19.Jh. (bzw. den frühen Universalismus, wie er z.B. von den Weltreligionen vertreten wird) zurückführen und beruhen des Weiteren auf der Modernisierungsthese. Zu den einflussreichsten Vertretern der Modernisierungsthese (obwohl der Begriff der Modernisierung erst später eingeführt wurde) werden, wenn auch unterschiedlich akzentuiert, Karl MARX und Max WEBER gezählt. Die Modernisierungsthese sagt eine globale Ausbreitung kapitalistischer Verhältnisse voraus. Die Modernisierung, bzw. die Amerikanisierung gelten als neue Varianten der Verwestlichung (vgl. NEDERVEEN PIETERSE 1999: 175). Die verschiedenen Variationen des Kulturimperialismus oder des „konsumistischen Universalismus" heben, im Gegensatz zum kulturellen Differenzialismus, die steigende Gewichtung der globalen, von „Westen" ausgehenden Homogenisierungsprozesse hervor.

a) Die „McDonaldisierung"

In der aktuellen Diskussion über kulturelle Differenzen im Bezugnahme auf die Globalisierung, kann eine recht populäre Auffassung vorgefunden werden, die sich mit der transnationalen Verbreitung der US-amerikanischen bzw. westlichen Kultur befasst und die gleichzeitige Verdrängung der Kulturen anderer Länder, Regionen und Kontinente thematisiert. Innerhalb dieser Perspektive sind auch die Begriffe der "McDonaldisierung" (George RITZER) oder „Amerikanisierung" vorzufinden, die sich namentlich aus dem Ursprung und/oder dem Hauptsitz vieler aus der USA stammenden Markenkonzerne entlehnt (vgl. WAGNER 2002: 11). Die These der "McDonaldisierung" bezieht sich kritisch auf die Angleichung der kulturellen Symbole und Lebensformen durch gleiche Konsumgüter, die von den internationalen Konzernen in alle Weltgegenden transportiert werden. Globalisierung wird in diesem Zusammenhang vor allem mit einer globalen Kulturindustrie gleichgesetzt.

Ähnlich wie der kulturelle Differenzialismus beruht diese Sichtweise, die von der Zerstörung einer Kultur durch andere ausgeht, auf der Vorstellung von Kulturen als abgeschlossene, orts- und gruppengebundene Gebilde. Wenn auch der prägnante Einfluss der westlichen Kultur auf alle anderen Erdteile nicht von der Hand zu weisen ist[18], so muss trotzdem an dieser Stelle eingelenkt werden, dass die Vorstellung von einer natio-ethno-kultureller „Reinheit“ eher in den Bereich des Fiktionalen gehört. Kulturen entstehen

> „immer aus der Begegnung und dem Austausch mit anderen Kulturen, dem gegenseitigen Aufnehmen und Abgrenzen. Kulturen sind Produkt von Beziehungen und Durchquerungen und entwickeln sich erst im Kontakt mit dem Fremden, Anderen.“ (WAGNER 2002: 11)

WAGNER (vgl. ebd.) weiter folgend, sind Kulturen „Bastarde“, die ihre Entstehung und Entwicklung sowohl der Übernahme fremder Kulturelemente in die eigene Kultur, als auch den steten internen Wandlungen durch neue Interpretationen und Vermischungen verdanken. Ebenfalls sei anzumerken, dass die Vorstellung der "McDonaldisierung“ die von einer weltweiten Verbreitung westlicher Strukturen und ihrer vereinheitlichenden Wirkung ausgeht, nicht nur die Annahme impliziert, dass Menschen und Staaten überall auf der Welt auf die gleiche Weise mit den Fremdeinflüssen umgehen, indem sie diese anscheinend unreflektiert übernehmen, sondern sie geht ebenfalls von einer Homogenität „des Westens“ aus. Doch wie ich bereits im Abschnitt über die Globalisierung beschrieben habe, kann erstens von einer direkten Übernahme der westlichen Kulturmuster nicht die Rede sein, denn verschiedene Kulturen reagieren in der Tat auch sehr unterschiedlich auf diese Situation, indem sie sich zur Wehr setzten, sich nur Teilaspekte aneignen, ohne dabei auf die eigenen Traditionen zu verzichten oder neue kulturelle Mischungen hervorbringen. Zweitens ist die „Idee des Westens“ eine Simplifizierung und Ausblendung der kulturellen Unterschiede der als „westlich“ kategorisierten Gesellschaften, zu denen neben Nordamerika und Europa auch Japan und Korea gezählt werden.

Der Homogenisierungsbehauptung, die die These der „McDonaldisierung“ zum Inhalt hat, wird die fehlende Berücksichtigung der Einflüsse lokaler Kulturen auf den Weltmarkt vorgeworfen. Kritisiert wird an dieser Behauptung die Gleichsetzung der Globalisierung mit der Homogenisierung.

> „Die Vorstellung vom globalen Kapitalismus als einer „einzigen übergreifenden Firma“, die gemäß einer uniformierten Logik, unterschieds- und widerspruchslos fungiert, um die

[18] Die Inhalte der sich global ausbreitenden Kultur durch die amerikanisch-europäisch-japanischen Kulturindustrie vermitteln vor allem “westliche" Geschichten und ihre visualisierten Lebensbilder (vgl. WAGNER 2002: 16).

> Welt zu vereinheitlichen, eine Unterschätzung der Kapazitäten und Funktionsweisen des Kapitalismus bedeutet“, denn „gerade die Nichteinheitlichkeit der Welt durch dezentrierte Formen von globaler ökonomischer und kultureller Macht wird für Kapitalakkumulation nutzbar gemacht.“ (KOSSEK 1999: 32)

Auch wenn nicht abzustreiten ist, dass die Globalisierung spezifische Formen der Homogenisierung bewirkt, sollten beide Begriffe nicht gleichgesetzt werden. Das Kapital weitet sich gerade dadurch global aus, dass der Kapitalismus sich der kulturellen (wie der ethnischen oder sexuellen) Differenzen bedient oder diese überhaupt erst erschafft:

> „Eine neue Bedingung für die sich immer weiter ausbreitende Globalisierung ist nicht mehr ein Kapitalismus, der sich (wie MARX vermutet hat) über den Raum hinaus produziert, sondern ein Kapitalismus, der sozialen Raum als Differenz und Differenz als sozialen Raum produziert.“ (KOSSEK 1999: 32)

D.h. die Ausbreitung des westlichen Konsums führt nicht, wie die These der "McDonaldisierung“ unterstellt, zwangsläufig in einen kulturellen „Einheitsbrei", denn die kulturellen Produkte werden uminterpretiert und aus ihrem geläufigen Zusammenhang gelöst. Zudem findet auch immer eine Rückbindung an die eigene lokale Kultur, im Sinne einer "Re-Lokalisierung" der Produkte der globalen Kulturindustrie statt.

> „Dabei kann auch eine vollständige Lösung der globalen Kulturangebote von den damit verbundenen Werten und Lebensbildern stattfinden“ (WAGNER 2002: 16).

b) Der kulturelle Universalismus

Während sich VertreterInnen der „McDonaldisierungs-These“ eher kritisch gegenüber der Homogenisierung der Kulturen durch multinationale Konzerne äußern, kann noch eine weitere Position in Bezug auf die Tendenz zur zunehmenden kulturellen Normierung und Angleichung herausdifferenziert werden. Dieser Ansatz beruht auf der Tradition der Aufklärung und geht von einem universalen Evolutionsprozess aus, der sich unterschiedlich schnell ausweitet und in Form einer Angleichung an das „fortschrittlichste Land“ früher oder später alle Gesellschaften erreicht (vgl. NEDERVEEN PIETERSE 1999: 174). Die Verbreitung der westlichen Kultur, wird dann im Sinne einer „zivilisatorischen Mission“ als „Demokratisierung“ der rückständigen Kulturen verstanden. Was den Umgang mit kulturellen Differenzen innerhalb der eigenen (nationalen, europäischen) Grenzen anbetrifft, vertritt diese Sichtweise die Position der Assimilationspolitik, die die dominanten Gesellschaften/Gruppen zu kulturellen Zentren erklärt (vgl. ebd.: 180). Der Assimilationsansatz ist durch einseitige Forderungen nach Anpassung und „kultureller Integration“ (womit Assimilation gemeint ist) an die MigrantInnen gekennzeichnet, während gleichzeitig real-existierende Benachteiligungen ausgeblendet werden (vgl. HA 2002: 1). Derartige kulturuniversalistisch orientierte Überlegungen, die auch in den Sozial- und Geisteswissenschaften vorzufinden sind, betonen vor allem die Gleichheit aller Menschen. Sie vertreten die Vision einer multikulturellen Gesellschaft, in der sich die Angehörigen verschiedener Kulturen an einem gemeinsamen, als universalistisch bezeichneten Konsens orientieren, der als über-kultureller Maßstab gesehen wird. Dieser Konsens, der sich zentral auf die Einhaltung der Menschenrechte bezieht, soll dazu verhelfen kulturelle Konflikte zu lösen (vgl. PRENGEL 1995: 79). Dieser Sichtweise auf die multikulturelle Gesellschaft wird von KritikerInnen „Eurozentrismus“ vorgeworfen, da der Humanismus eine westliche Erfindung sei, und die Annahme seiner Universalität mit dem Verlust der Wahrnehmung der eigenen westeuropäischen Position zusammenhinge (vgl. ebd.: 82).

Zusammengefasst erweist sich die Globalisierung als eine Verflechtung vieldimensionaler, hochkomplexer Prozesse mit Überschneidungen, Ungleichzeitigkeiten und Brüchen, innerhalb derer Homogenisierung und Ausdifferenzierung, kulturelle Konflikte und kulturelle Vermischungen stattfinden. Während auf der einen Seite bestimmte westliche Kulturmuster weit- und breitflächige Verbreitung erfahren, findet zeitgleich eine Rückbesinnung auf lokale Kulturen statt, die aufgrund der Konfrontation mit den westlichen Konzepten und Strukturen an Bedeutung gewinnen oder erst geschaffen werden. Auch wenn es auf den ersten Blick so scheinen mag, dass kulturelle Ausdifferenzierung und Homogenisierung miteinander nicht vereinbar sind, schließen sie sich bei einer genaueren Betrachtung nicht nur nicht aus, sondern bedingen sich sogar gegenseitig (vgl. BREIDENBACH/ZUKRIGL 2002: 19).

Die dritte Position zur kulturellen Differenz/Identität, nämlich die der „Hybridisierung“, resultiert nach NEDERVEEN PIETERSE (vgl. 1999: 181) aus den beiden vorherigen und stellt eine Brücke zwischen den beiden einander polar entgegengestellten Betrachtungsweisen der Globalisierungsprozesse dar, in dem sie das Globale und das Lokale miteinander verknüpft.

2.3.3. Hybridisierung

Da das gesamte dritte und vierte Kapitel von dem Hybriditätsbegriff und seiner Anwendung in verschiedenen Kontexten handelt, werde ich „Hybridität“ in diesem Abschnitt nur wegen der Vollständigkeit in einer Kurzfassung abhandeln, die gleichzeitig auch als eine Einleitung in das nächste Kapitel gelesen werden kann. Die These einer verstärkten Hybridisierung der Kulturen in Folge der Globalisierung, beruht zunächst auf der grundlegenden Annahme, dass jede Kultur durch Vermischung mit anderen Kulturen entsteht und in einem nie zu Ende geführten Prozess verändert wird. Daher kann von Kulturen als multikulturellen Bastarden gesprochen werden. Im Zuge der Globalisierung haben jedoch die Vermischungsprozesse eine neue Dimension erlangt, da die gegenwärtige Situation von den in immer kürzeren Abständen neu entstehenden Kulturformen und Kulturstilen geprägt ist, die sich aus der Durchmischung verschiedener kultureller Traditionen formen. Diese schnelllebige Vermischung der kulturellen Stile, Formen und Traditionen, wird mit der „Hybridisierung“ thematisiert, die WAGNER (vgl. 2002: 17) in drei Schwerpunkte unterteilt: Zu den Zentren der kulturellen Hybridisierung, (die auch als Kreolisierung bezeichnet wird), zählen erstens die Einwanderungsländer, in denen multikulturellen Gesellschaften entstanden sind und weiterhin entstehen, zweitens die Kulturen der Länder des Südens und drittens populäre Kulturformen, die weltweit auf Anklang stoßen (vgl. ebd.: 17). Auch in der Bundesrepublik Deutschland haben sich durch die kulturellen Einflüsse der MigrantInnen neue Stile, Richtungen und Kulturen herausgebildet, wie sie z.B. in der Popmusik, der Literatur oder dem Theater vorzufinden sind. Ihr Einfluss erstreckt sich von den Kleidungsstilen bis zu Eßgewohnheiten (vgl. ebd.). Viele Länder des Südens, die sich mit dem starken ökonomischen Druck und einer Reihe an Angeboten der globalen Kulturindustrie (deren Produkte, Stile und Bilder vor allem durch Filme, Radio, Fernsehen und in einer steigenden Tendenz auch durch das Internet verbreitet werden) konfrontiert sehen, zeichnen sich durch die Vermischung der eigenen Traditionen mit einer Vielfalt kultureller Impulse, die von Außen kommen aus (vgl. ebd.: 18). Für WAGNER (ebd.) sind diese Kulturen

> „nicht in erster Linie ohnmächtige Opfer einer US-eurozentrischen Kulturindustrie, sondern haben oft die Kraft, Fremdes aufzunehmen, zu verarbeiten und zu integrieren."

Den dritten Schwerpunkt bildet die internationale Popmusik, die seit über 40zig Jahre über Sprachschranken und kulturelle Traditionen hinweg auf große Resonanz stößt:

> „Denn mit der Pop-Rockmusik hat sich seit den sechziger Jahren eine Kulturform herausgebildet, die länder- und kulturübergreifend nicht mehr an enge traditionelle Bezugsfelder gebunden ist und als erste Musikrichtung Impulse und Färbungen aus allen Kontinenten aufnimmt." (WAGNER 2002: 18)

Die Globalisierung wird diesem Verständnis nach als Hybridisierung, als ein Prozess der fortwährenden Vermischung zwischen dem Globalen und Lokalen betrachtet, der auch als „Glokalisierung" bezeichnet wird. „Glokalisierung" steht für die enge Verknüpfung von Globalisierung mit einer neuen Betonung des Lokalen. Der Begriff wurde von dem englischen Soziologen Roland ROBERTSON geprägt und soll auf das Wechselspiel des Globalen und des Lokalen verweisen[19] (vgl. WAGNER 2002: 17). Das Konzept der Hybridität theoretisiert die Prozesse der Überschreitung nationalisierter und ethnisierter Grenzen und der kulturellen Mischformen. Diese Perspektive verweist auf die postmoderne Auffassung der „traveling culture" (vgl. NEDERVEEN PIETERSE 1999: 169) und wird von den beiden vorherigen grundsätzlich ausgeschlossen, weil sie diejenigen Elemente in den Vordergrund rückt, die in den Diskursen der Moderne unerwünscht sind („Wiederkehr des unterdrückten Wissens" (ebd.: 178). Seine Bekanntheit innerhalb der Geistes- und Sozialwissenschaften verdankt der Begriff der Hybridisierung den im angloamerikanischen Raum entstandenen cultural und postcolonial studies. Innerhalb derer stellt er eine wichtige Diskussionsbasis dar, indem er einen oppositionellen Standpunkt zum kulturellen Differenzialismus rassistischer und nationalistischer Kulturdiskurse ermöglicht und gleichzei-

[19] Auch die multinationalen Konzerne haben recht bald feststellen müssen, dass sie sich an den ortspezifischen Gewohnheiten und Bräuchen orientieren müssen, wenn sie ihre Ware erfolgreich verkaufen wollen. Die Berücksichtigung der lokalen Traditionen bezieht sich auf die Namen und das Design der Produkte, auf die Strategien der Werbung, sowie die Verkaufsformen (vgl. WAGNER 2002: 17).

tig auf die Verbindung zwischen Kultur, Herrschaft und der daraus resultierenden Ungleichheit der Vermischungsprozesse (im Gegensatz z.B. zu der Vorstellung eines „melting pot“, die die Welt als einen Schmelztiegel der Kulturen beschreibt) aufmerksam machen soll (vgl. GÖTTLICH 2000: 47). Hybridität stellt für die beiden zuvor genannten Standpunkte der Differenz und Konvergenz eine Provokation dar, denn sie

> „untergräbt den Nationalismus, weil sie die Grenzüberschreitung privilegiert. Sie untergräbt die Identitätspolitik, sei es in Bezug auf ethnische Zugehörigkeit oder auf andere Reinheits- und Authentizitätsansprüche, weil sie von der Unklarheit der Trennungen ausgeht und sich über Grenzen hinwegsetzt.“ (NEDERVEEN PIETERSE 1999: 177f).

Im Umgang mit den „kulturellen Differenzen“ postuliert diese Sichtweise eine Integrationspolitik, die durch eine Vielfalt an kulturellen Identitäten und sich immer weiter fortsetzenden Vermischungsprozessen gekennzeichnet ist. Eine häufige Kritik an dem Hybridisierungstheorem, vor allem wie dieser im deutschsprachigen Raum seine Verwendung findet, bezieht sich auf die fehlende Berücksichtigung der Asymmetrie und Ungleichheit im Prozess der Vermischung, die von den erwähnten TheoretikerInnen der cultural und postcolonial studies in einer zentralen Weise formuliert wird (vgl. NEEDERVEEN PIETRSE 1999: 178, vgl. TERKESSIDIS 1999: 2f). Dieser Kritik werde ich in den folgenden Kapiteln am Beispiel von drei Verwendungsarten des Hybriditätsbegriffes nachgehen. Mein Hauptaugenmerk liegt auf den verschiedenen Formen der Hybridität und ihrer (Nicht-)Anerkennung und die dadurch ermöglichten, geförderten, abgeschwächten oder aufgelösten Prozesse der Hierarchisierung.

Bevor ich den Begriff der „Hybridität“ in Hinblick auf die Konstruktion und Reproduktion sozialer Ungleichheitsverhältnisse untersuche, möchte ich zunächst mit einer allgemeineren Begriffsdifferenzierung dieses Begriffes einleiten.

II. Verschiedene Lesarten des Hybriditätsbegriffes im Diskurs der „kulturellen Differenz“

Hybride f./m. \`durch Kreuzung entstandenes Wesen´, fachsprachl. Entlehnt aus gleichbedeutend l. hybrida, hibrida f., dieses aus gr. hybris f. \`Frevel, Schändung´. Hybris f. \`Hochmut, Vermessenheit\`, sondersprachl. Entlehnt aus gleichbedeutend gr. hybris (wörtlich: \`frevelhafte Vermessenheit gegenüber den Göttern´.) (KLUGE 1989: 332f)

Hybridität ist kein neues Wort und Vermischungen (von Kulturen, Herkünften, Religionen) keine neuen Erfahrungen. Die Annahme, dass die heutigen Aufnahmegesellschaften irgendwann einmal kulturell homogen gewesen sind, ist genauso wie die, dass es sich bei der Migration um ein neues Phänomen handelt, eine Illusion. Kulturelle Diversifizierung existierte schon vor und neben der Pluralisierung durch Zuwanderung, und auch die Migration ist ein altes und weit verbreitetes Phänomen der Menschheitsgeschichte (vgl. WENNING 2001: 286). Verändert hat sich jedoch der Austausch zwischen auch räumlich weit entfernten Gesellschaften. Die kulturellen Veränderungen vollziehen sich mit den modernen Massen- und Kommunikationsmedien viel schneller und zum Teil homogener als in früheren Jahrhunderten. Obwohl Hybridisierungen zu allen Zeiten stattgefunden haben und die gegenwärtige Globalisierung als eine weitere Hybridbildung aus bereits hybriden Kulturnationen begriffen werden kann (vgl. FRIEBEN-BLUM/JACOBS 2000: 22), gehört die Betonung der Vermischungsprozesse zwischen dem Lokalen und Globalen, die der Hybriditätsbegriff in den aktuellen Debatten zum Inhalt hat, zu den neueren Sichtweisen auf die multikulturellen Gesellschaften. An dieser Stelle ist zunächst anzumerken, dass es keine kohärente Theorie der Hybridität gibt, sodass faktisch Hybridität zur Beschreibung vieler unterschiedlicher Phänomene dienen kann (vgl. FRIEBEN-BLUM, JAKOBS 2000: 20). Im sozialwissenschaftlichen Zusammenhang gewann der Begriff der „Hybridität“ durch postkoloniale TheoretikerInnen an Popularität, von denen er aufgegriffen und im Rahmen einer allgemeinen Kulturtheorie positiv gewendet wurde. Während der Differenzierungsansatz die „naturgegebenen“ Differenzen und der universalistisch-assimilatorische Blickwinkel vor allem die Defizite der „Anderen" vor Augen hat, kommt es mit dem Einfluss von postcolonial und cultural studies und damit mit der Einführung des Hybriditätsbegriffes in die Migrationthematik, zu einer Hervorhebung der Erkenntnis, dass sich „an den Rändern" und in den „Zwischenräumen" neue Formen individueller und kollektiver Identitäten bilden (vgl. AMOS 2001: 78). „Hybridität" steht:

> „für die Unmöglichkeit eines empirischen Auffindens von Originalen oder von Spuren, die bis zu Ursprüngen zurückzuverfolgen wären. Damit einher geht eine Umformulierung des Identitätsbegriffs. Er wird mit der positiven Anerkennung der Heterogenität, Mehrdeutigkeit, Instabilität, Ambivalenz, Differenz und Transformation gekoppelt. Abgelehnt werden Vorstellungen, dass Identität auf Invariabilität, Homogenität, Uniformität, Geschlossenheit und Reinheit basiert." (KOSSEK 1999: 34)

Die wesentliche begriffspolitische Bedeutung dieses Begriffs liegt darin, dass er als Widerstandsform gegen den Essentialismus verstanden wird (sowohl gegen den ethnischen Absolutismus von Mehrheiten, als auch den von Minderheiten). Da der Hybriditätsbegriff innerhalb von verschiedenen Bedeutungszusammenhängen, ganz unterschiedlich gelesen werden kann, muss die verwendete Bedeutung genauer expliziert werden. Für den hier diskutierten Arbeitskontext halte ich vor allem drei Verwendungsweisen des Hybriditätsbegriffes für interessant, deren Besonderheiten und deren sozialpolitische Wirksamkeit ich beleuchten werde: Hybridität als Folge von Migration, Hybridität als Privileg des Westens und Hybridität als Dekonstruktionswerkzeug von Einheitskategorien.

1. Hybridität als Folge von Migration: Zur Spezifik der Identitätskonstruktionen hybrider Individuen

Im Umfeld von postcolonial studies meint Hybridität Individuen, die die Eindeutigkeit ihrer Zugehörigkeit verloren haben. Es geht um MigrantInnen und ihre Nachkommen, und um den Prozess der Übersetzung zwischen unterschiedlichen Kulturen. Innerhalb dieses Zusammenhanges hat „Hybridität" die Aufgabe, sich als positiv besetzter Begriff negativen Zuschreibungen entgegenzustellen. Der Begriff spielt mit der Angst vor der Bastsardisierung, indem er die Vermischung über den sozialpolitisch erwünschten Rahmen hinaus (mit den exotischen, den orientalischen, den anderen Kulturen) thematisiert (vgl. RÄTHZEL 1999: 212).

1.1.Zur Bedeutung der (Nicht-)Zugehörigkeit im Prozess der Identitätsbildung

Dieser Abschnitt beschäftigt sich mit der Bedeutung der Zugehörigkeit für die Identitätsbildung/-entwicklung der durch Migration gekennzeichneten, hybriden Individuen, die in einer wesentlichen Weise durch der Auseinandersetzung mit dem Verlust von Bindungen an die Herkunftskultur und der Nicht-Zugehörigkeit zur Mehrheitsgesellschaft bestimmt wird. Als zentral kristallisiert sich die Frage nach den Bedingungen für die Darstellung der Identität von Subjekten heraus, die aufgrund biographischer Komplexität mit mehrdeutigen Zuordnungen und Optionen konfrontiert werden, was auch als „subjektive Mehrfachverbundenheit" bezeichnet wird (vgl. FRIEBEN-BLUM, JACOBS 2000: 15f). Dabei wird die Perspektive vertreten, dass generell alle Menschen ihr Leben lang, mit der Aufgabe konfrontiert werden, sich immer wieder neu sozial zu verorten und ihre Identität mit Veränderungen in Übereinstimmung zu bringen. Von dieser Position aus soll dann nach den besonderen Bedingungen für die Darstellung und Konstruktion von Identität gefragt werden, die durch den mehrdeutigen und vielschichtigen natio-ethno-kulturellen Bezugsrahmen entstehen (vgl. FRIEBEN-BLUM, JACOBS 2000: 15). Zu den prägnanten Bedingungen zählt z.B., dass in der Darstellung der Identität, in der Biographie bestimmte Kategorien zusammenfallen können, die gewöhnlich als getrennt gedacht werden. In solchen Fällen

> „stehen die Individuen vor der Aufgabe, Zuordnungen deren Sinn in Unterscheidung und Trennung besteht, in ihrer personalen Identität zu integrieren". (FRIEBEN-BLUM, JACOBS 2000: 16)

Hybride Personen werden aufgefordert sich in Kategorien einzuordnen und lösen Irritationen aus, wenn sie nicht in die groben Raster von natio-ethno-kultureller Identität passen, was ich am Beispiel der „Auskunftspflicht" (vgl. Kapitel II., Abschnitt 1.2.) verdeutlichen werde. Theoretisch können diese Irritationen auch positiv bewertet werden, da sie den „Mythos des Eindeutigen" in Frage stellen, doch der Verlust fragloser Zugehörigkeit und die alltäglichen Erfahrungen mit Diskriminierungen können als sehr belastend erlebt werden (vgl. FRIEBEN-BLUM, JACOBS 2000: 12). Die Beschäftigung mit der Frage nach besonderen Bedingungen bezüglich der Darstellung und Konstruktion von Identitäten innerhalb von mehrdeutigen und vielschichtigen natio-ethno-kulturellen Bezugsrahmen will ich mit der Begriffsklärung von „Identität“ und „(Nicht-) Zugehörigkeit“ und ihren Bedeutungen in natio-ethno-kulturellen Kontexten einleiten.

a) Identität

Identitätsentwicklung findet immer in einem natio-ethno-kulturellen Kontext statt, denn soziale Identitäten entstehen durch die Zugehörigkeit zu verschiedenen Gruppen, die die Wahrnehmungen, Bewertungen und Haltungen der Individuen beeinflussen. Als Arbeitsbegriff dieser Ausführung, soll Identität in Orientierung an HARK (vgl. 1996: 57) als

> „Effekt von Identifizierung mit etwas, dass Außerhalb des Individuums liegt, das das „Ich“ aber als Reflexion von sich selbst annimmt“ verstanden werden.

HALL (1994: 30) beschreibt kulturelle Identitäten als

> „die instabilen Identifikationspunkte oder Nahtstellen, die innerhalb der Diskurse über Geschichte und Kultur gebildet werden“

Hier wird die Perspektive bevorzugt, die Identität nicht als Essenz, das „wahre Selbst“ oder Wesen versteht, sondern vielmehr als eine Positionierung voller Brüche, Diskontinuitäten und im steten Entwicklungsprozess begriffen, betrachtet. Identitäten haben immer auch eine politische Gewichtung, so werden in Namen von Identität kulturelle und soziale Grenzen gezogen, Rechte gefordert und verweigert, sowie soziale Normen und Praktiken formuliert (vgl. HARK 1996: 9). Identität ist eine Voraussetzung für politische Handlungsfähigkeit. Sie schafft politische Realitäten, und hat immer auch einen normativen und daher ausschließenden Charakter (vgl. ebd.: 17).

Das Verständnis, das jemand von sich selbst hat (die individuelle Selbstwahrnehmung und -einschätzung) wird stark davon beeinflusst, in welcher Position sich das

Individuum im gesamtgesellschaftlichen Kontext der Machtverhältnisse (gerade) befindet. Ethnisierte und nationalisierte Identitäten können als ein Aspekt sozialer Identitäten verstanden werden, der sich auf die Zugehörigkeit zu natio-ethno-kulturellen Gruppen bezieht. Eine positive Selbstwahrnehmung und -einschätzung ist im Wesentlichen von der positiven Bewertung der Gruppe abhängig, zu der sich das Individuum zugehörig fühlt und/oder als zugehörig wahrgenommen wird. Da der Selbst-Anerkennung (Identifikation und Achtung) vorherige Anerkennung durch Andere vorausgeht, kann die Zugehörigkeit zu einer Minderheit neben den gesellschaftlichen Einschränkungen und Entwertungen auch individuelle Selbstentwertung zur Folge haben.
Die Identitätsbildung ist ein immer wieder neues Positionieren in Machtverhältnissen. Die Interaktionen zwischen Gruppen spielen sich auf dem Hintergrund von Ungleichheit und Macht ab, was Identitäten in Form von Mehrheits- und Minderheitsidentitäten[20] prägt. Die Identitätsbildungsprozesse fallen, je nach dem zu welcher Seite jemand gehört, sehr unterschiedlich aus: Die Angehörigen der Mehrheit verstehen in der Regel ihre eigenen kulturellen Muster als Norm und als Maßstab, der auch für Minderheitenangehörige gelten soll und der in der Konsequenz seiner Anwendung alle kulturellen Minderheiten als eine Abweichung definiert. In den Auseinandersetzungen um Zugehörigkeit spielt der Kampf um die Definition von Normalität häufig eine nicht zu unterschätzende Rolle, wobei die dominante Gruppe die Definitionsmacht besitzt, mit der sie sowohl über sich selbst als auch über die Minderheiten bestimmen kann. Während die natio-ethno-kulturelle Identität der Mehrheit als selbstverständlich angesehen wird und den Anschein einer universellen Norm vermittelt, gelten „die Anderen" als diejenigen die durch ihre Abweichung auffallen (Kopftuch, Hautfarbe etc.). Die dominante Gruppe besitzt also die Definitionsmacht sowohl über sich selbst als auch über die Minderheiten. Dieses System der hierarchischen Differenzierung kann nur solange funktionsfähig bleiben, solange eine klare Unterscheidung zwischen den Gruppen möglich ist. Die bereits genannten Migrationprozesse

[20] Diese Begriffe beziehen sich weniger auf ein zahlenmäßiges Verhältnis, sondern auf das Ausmaß an Macht innerhalb der sozialen, kulturellen, ökonomischen und politischen Position. Als Min-

haben jedoch zur Folge, dass es immer mehr Individuen gibt, die im natio-ethno-kulturellen Zusammenhang mehrfachverbunden sind. Die Verbundenheit mit mehreren natio-ethno-kulturellen Zugehörigkeitskontexten geht mit dem Verlust fragloser Zugehörigkeit einher (vgl. MECHERIL 2000: 232). Fehlende Eindeutigkeit bedeutet in dem hier thematisierten Zusammenhang vor allem Nicht-Zugehörigkeit, denn fehlende Eindeutigkeit der Zugehörigkeitsmerkmale wird mit Ausschluss sanktioniert (vgl. ebd.:240). Besteht die Mehrfachzugehörigkeit aus der Verbundenheit zu zwei (oder mehreren) unterschiedlichen natio-ethno-kulturellen Zugehörigkeitskontexten, so fehlt die eindeutige Zuordnung in doppelter Hinsicht: Das Individuum gehört dann weder der einen, noch der anderen Kultur an. Ein derartiges Phänomen kann als „doppelte Heraussetzung" aus dem Vorgaben- und Zuordnungszusammenhang der sozial-symbolischen Kontexte (im Sinne einer doppelt verweigerten Zugehörigkeit und doppelt zurückgehaltenen Identifikation) bezeichnet werden (vgl. ebd.: 241). Die doppelte Heraussetzung impliziert, dass die selbstverständliche und daher auch fraglose Teilnahme an der sozialen Gemeinschaft nicht möglich ist (vgl. ebd.: 245).

b) Zugehörigkeit

Während im dominanten Diskurs um die kulturelle Differenz/Identität natio-ethno-kulturelle (Nicht-)Zugehörigkeit häufig naturalisiert wird, indem diese als Eigenschaft von Elementen gedeutet wird, soll diese hier vor allem als Beschreibung eines Verhältnisses zwischen Elementen verstanden werden (vgl. MECHERIL 2000a: 163f). In Orientierung an MECHERIL (vgl. ebd.: 173f) bilden sich natio-ethno-kulturelle Zugehörigkeit und Nicht-Zugehörigkeit[21] im Rahmen überindividueller Zugehörigkeitskonzepte (Praxen der Normierung und Normalisierung), d.h. sie entstehen auf der Grundlage der jeweiligen sozialen Realität, die prägnant dafür ist, wie

---

derheit soll diesem Verständnis nach eine Gruppe bezeichnet werden, die eine geringere Wirkungsmacht auf die beschriebenen Bereiche des gesellschaftlichen Lebens hat.

[21] An dieser Stelle muss erneut hinzugefügt werden, dass natio-ethno-kulturelle Nicht-Zugehörigkeit und Zugehörigkeit immer mit weiteren Kategorien wie z.B. der der Klasse, des Geschlechts und/oder der sexuellen Orientierung verschränkt sind und nie für sich alleine stehen.

(Nicht-)Zugehörigkeit definiert wird und ihre Funktion besteht darin, den Zugang zum jeweiligen sozialen Kontext zu regeln. Innerhalb der Zugehörigkeitskonzepte entfalten und verändern sich individuelle Zugehörigkeitsverständnisse mit und durch die konkreten bejahenden und verneinenden Zugehörigkeitserfahrungen. Zugehörigkeit als Gegenstand, der durch Zugehörigkeitserfahrungen und -verständnisse im Rahmen der Zugehörigkeitskonzepte bestimmt wird, konstituiert sich des weiteren im Zusammenspiel der Zugehörigkeitskonstitute: Mitgliedschaft, Wirksamkeit und Verbundenheit, die sich sowohl wechselseitig bedingen als auch unabhängig voneinander existieren können (vgl. ebd.: 181ff). Die Perspektive auf Mitgliedschaft ermöglicht Prozesse sozialer Kategorisierung (milieu-, kultur- oder gesellschaftsspezifische Kategorieinventare) im Sinne positiver und negativer Zugehörigkeitsverortungen (vgl. ebd.:187). Die Kategorien treten in der konkreten Alltagswelt durch Bennennungen (Namen) in Kraft und können als „Instrument der Präsentation von Mitgliedschaft“ (ebd.:189) verstanden werden (vgl. ebd.: 188f). Mitgliedschaft richtet sich dabei nach dem Prinzip der binären Codierung, die die Differenzierung vereinfacht die nur ein Entweder/Oder (entweder jemand ist Mitglied, oder nicht) ermöglicht:

> „Binarität, zumal wie im Falle nationaler Mitgliedschaft: die als selbstverständlich gehandelte und erlebte Binarität des Entweder-Oder, erzeugt eine soziale Realität, deren simple Struktur aufwendigere individuelle, aber auch bürokratische Verfahren der Unterscheidung und des differenziellen Handelns überflüssig macht.“ (MECHERIL 2000a: 198)

Mitgliedschaftskonzepte sind auf zwei Ebenen angesiedelt. Auf einer formellen (z.B. Zugang zu Staatsangehörigkeit) und einer informellen (Alltagskultur der Vorstellungen über Mitgliedschaft) (vgl. ebd.: 193). Die informelle Ebene gilt als die sozial wirksamere, sie nährt sich an imaginierten kulturellen Unterschieden, die in Form von Kodifizierungen dem Alltag klare Struktur verleihen. Die alleinige formelle (An-) Erkennung der Mitgliedschaft macht ein Individuum noch nicht zum Mitglied, wenn der Alltag mit Missachtung und Nicht-(An-)Erkennung verknüpft ist (vgl. ebd.: 199). Mitgliedschaft ist mit bestimmten Formen zugestandener oder verhinderter Teilnahmemöglichkeiten verbunden:

> „Symbolische Mitgliedschaft bezeichnet die Perspektive, unter der jene (Fremd-, und Selbst-)Klassifikationsprozesse in den Blick kommen, die der einzelnen einen vollständigen Zugang zum territorialen, kulturellen, politischen und sozialen Kontext der Zugehörigkeit verschaffen und zugestehen.“ (MECHERIL 2000a: 185)

Mit Wirksamkeit kann die Perspektive auf Handlungsmöglichkeiten aufgezeigt werden. Sie entsteht durch die praktische Teilnahme am Zugehörigkeitskontext (durch natio-ethno-kulturelle Kategorien gespiegelte, erfundene und erschaffene sozialräumliche Handlungsfelder). Das Ausmaß an Wirkungsmöglichkeiten ist ungleich verteilt: Die einzelnen Mitglieder des Zugehörigkeitskontextes verfügen über unterschiedliche (materielle, rechtliche, soziale, symbolische und intellektuelle) Ressourcen der Einflussnahme auf das gesellschaftspolitische (gegenwärtige und zukünftige) Geschehen (vgl. ebd.: 242). Natio-ethno-kulturelle Verbundenheit soll in diesem Zusammenhang

> „neben emotionaler Bindung, Aspekte moralischer Verpflichtung, kognitiv-praktischer Vertrautheit und materieller Gebundenheit" (ebd.: 267)

erfassen, außerdem soll sie thematisch in den Vordergrund rücken, dass jemand sich auf den Zugehörigkeitskontext eingelassen hat und in diesen eingelassen wurde (vgl. ebd.).

Verbundenheit stellt die Perspektive der natio-ethno-kulturellen Zugehörigkeit dar,

> „die den einzelnen in einem Verhältnis der Vergangenheit, Gegenwart und Zukunft im Kontext bestimmt" (ebd.: 267)

und dadurch ein überdauerndes, stabilisierendes Verhältnis zwischen Individuum und Kontext herstellt.

Denn:

> „In Zugehörigkeits- und Verbundenheitsgefühlen erfährt der einzelne und vergewissert er sich seine(r) Position im Zugehörigkeitsraum. In diesem Sinne subjektivieren Verbundenheitsgefühle " (ebd.: 287).

Verbundenheit hat identitäre Konsequenzen, denn sie findet ihren Ausdruck darin, dass das Verhältnis des Individuums zum Zugehörigkeitskontext einen Teil seines Selbstverständnisses ausmacht und zwar unabhängig davon, ob diese dann im Konkreten bejaht oder verneint wird (vgl. ebd.: 280).

Zusammengefasst wird nach MECHERIL (vgl. ebd.: 266) das Phänomen der natio-ethno-kulturellen (fraglosen) Zugehörigkeit von dem Bewusstsein getragen, ein formelles und informelles Mitglied mit sozialer und identitärer Wirksamkeit im natio-ethno-kulturellen Kontext zu sein und sich mit diesem auch verbunden zu fühlen. Anhand der hier genannten drei Zugehörigkeitskonstitute: Mitgliedschaft, Wirksam-

keit und Verbundenheit werde ich im Folgenden die Bedeutung der Nicht-Zugehörigkeit (migrationgezeichneter) Hybrider zu erläutern versuchen.
Besonders interessant für diesen Themenschwerpunkt, der sich mit der Konstruktion hybrider Identitätsentwürfe beschäftigt und diese in ein Verhältnis zu der Dominanzkultur setzt, scheint mir der Blick auf die bereits zum Anfang des Abschnitts erwähnte Relationalität von Zugehörigkeit, die sowohl eine Selbst- als eine Fremdperspektive umfasst, wobei die Fremd- der Selbstanerkennung vorhergeht. Die Selbst(an-)erkennung als wirksames und emotional verbundenes Mitglied des natio-ethno-kulturellen Kontextes ist somit erst über den Weg der (An-)Erkennung durch Andere möglich, d.h. erst mit der (An-)Erkennung durch Andere wird dem Individuum eine Grundlage von Kategorien zur Verfügung gestellt, innerhalb deren es sich selbst (an-)erkennen kann. Um sich als zugehörig zu einem sozialen Kontextes begreifen zu können, muss das Individuum zunächst von Anderen als zugehörig (an-) erkannt werden (vgl. MECHERIL 2000a: 191).

c) Nicht-Zugehörigkeit

Zugehörigkeit ist ein fragloses Phänomen, solange sie als selbstverständlich angesehen wird. MECHERIL (vgl. ebd.: 348) unterscheidet zwischen fehlender und fraglicher Zugehörigkeit. Zur fraglichen wird fehlende Zugehörigkeit erst dann, wenn sie im Alltag eine hohe Relevanz aufweist: Nicht-Mitgliedschaft hat die Verwehrung des Zugangs zu gesellschaftlichen Gütern zur Konsequenz. Fehlende Wirksamkeit führt zur Einschränkung der gesellschaftlichen Handlungsräume und –möglichkeiten, ohne Verbundenheit fehlt die Verbindung zwischen den sozialen Erfahrungen und der individuellen Selbstbeschreibung. Fehlende Zugehörigkeit ist also dort bedeutsam, wo sie Zugangsbehinderungen und eingeschränkte Wirksamkeit zur Folge hat und sie wird an der Stelle prekär, wo sie im Alltag mit der Erfahrung verknüpft ist, dass es an der Anerkennung als selbstverständliches Mitglied eines subjektiv wichtigen Zugehörigkeitskontextes mangelt (vgl. MECHERIL 2000a: 351). Entlang dieser Argumentationslinie handelt es sich nach MECHERIL (vgl. ebd.: 348) bei dem Zugehörigkeitsverständnis migrationgezeichneter Anderer oder Anderer Deutscher um prekäre Zugehörigkeitsverhältnisse.

> „Der Zugehörigkeitsstatus Anderer ist prekär, weil er sich gleichsam zwischen der Eindeutigkeit des fraglosen Ja und der Unanzweifelbarkeit des fraglosen Nein ereignet. Die Zugehörigkeitsrealität Anderer ereignet sich im Zwischenbereich der Idealisierung „Zugehörigkeit“ und „Nicht-Zugehörigkeit“, zwischen Wir und Nicht-Wir.“ (Ebd.: 377)

Der Doppel-Status der natio-ethno-kulturellen Zugehörigkeit Hybrider ist gleichzeitig ein Doppel-Status der Nicht-Zugehörigkeit (vgl. ebd.: 380). Obwohl aufgrund der allgemeingültigen Einordnungskategorien der national etikettierten Kulturen, die von essenzieller Eindeutigkeit bezüglich der Zugehörigkeit zu einem natio-ethno-kulturellen Kontext ausgehen, Mehrfachverbundenheit als Belastung erlebt werden kann, bedeutet dies nicht, dass sie „an sich“ problematisch sein muss. Zum Problem wird Hybridität auf der Ebene der sozialen Interaktion, wenn es an der allgemeinen Anerkennung mangelt:

> „In Heraussetzungserfahrungen kommen mithin folgende Botschaften zum Ausdruck: Wir können dich nur in unseren Kategorien der Einwertigkeit identifizieren, und deshalb erkennen wir dich nicht; wir können dich nur in unseren Kategorien der Einwertigkeit achten, und deshalb anerkennen wir dich nicht. In der Figur der doppelten Heraussetzung sind die Botschaften kontextuell verdoppelt und dadurch doppelt brisant.“ (MECHERIL 2000: 249)

Merk-würdig sind diese Überlegungen für mich, wenn sie im Zusammenhang mit der Problematisierung und Pathologisierung der migrationbedingten (aber auch anderen Formen, wie z.B. der geschlechtlichen) Hybridität gedacht werden. Die mit der Definitionsmacht bezüglich der Einordnungskategorien und deren jeweiliger Bewertung ausgestattete Außenperspektive der Mehrheit erweist sich als grundlegend für die individuelle Selbst(an)erkennung und die damit verwobene Identitätsherstellung, und zwar unabhängig davon, auf welcher „Seite“ das Individuum steht. Die Ausblendung der dominanten (selbstverständlichen) Perspektivität sowie der Teilhabe der Dominanzkultur an den Interaktionsprozessen hat Thematisierungen zur Folge, in denen die unterschiedlich verteilte Definitionsmacht zwischen Mehrheit und Minderheit übergangen wird. Die häufig behauptete Zerrissenheit oder die unterstellten Identitätsstörungen („zwischen zwei Stühlen“) sind keine direkten Folgen des Phänomens der Mehrfachzugehörigkeit. Irritationen schafft für alle Beteiligten vor allem die tägliche Konfrontation mit dem Verstoß gegen die Norm der Eindeutigkeit des in Deutschland vorherrschenden monotolistischen und territorialen Gesellschaftsverständnisses. Die Identität hybrider Individuen entwickelt sich an und mit der Erfahrung der Nicht-Zugehörigkeit, weil Gesellschaften, die sich über Nationalität definieren für sie keine Kategorie vorgesehen haben (vgl. MECHERIL 2000: 248, 2000a: 383). Mit den Irritationen, die aufgrund der fehlenden eindeutigen Zuordnung ihrer „Herkunft" entstehen, mit der Frage danach, wo sie denn herkommen (und eigentlich hingehören), werden Hybride alltäglich konfrontiert. Diese alltägliche Thematisierung der Zugehörigkeit soll hier unter dem Begriff der „Auskunftspflicht" zusammengefasst und im folgenden Abschnitt genauer ausgeführt werden.

1.2. Problematisierung fehlender Einheitlichkeit: Die Auskunftspflicht

Die Auskunftspflicht bezieht sich in diesem thematischen Rahmen auf die Erfahrung, in der alltäglichen Kommunikation immer wieder von neuem zu einer Auskunft über die eigene Zugehörigkeit verpflichtet zu werden.

Santina BATTAGLIA hat sich mit einigen Kommunikationstypen beschäftigt, mit denen Hybride in Alltagssituationen in Deutschland zu tun haben. Biographische Gespräche (wie z.B. Beruf, Familie, Freizeitgestaltung usw.) im Alltag sind als eine Identitätskonstruktion zu begreifen. Identität ist

> „eine Syntheseleistung, die auf der Verarbeitung äußerer und innerer, aktueller und gespeicherter Erfahrung beruht. Sie ist das subjektive Empfinden des Individuums hinsichtlich seiner Situation, Kontinuität und Eigenart." (BATTAGLIA 2000: 185)

Während die Einordnung des Gegenübers in bestimmte Kategorien Sicherheit im Umgang vermittelt und als Grundlagen der weiteren Beziehungsgestaltung betrachtet werden kann, geht es in den Alltagsgesprächen ebenfalls um die Selbstpräsentation. Die die biographischen Gespräche favorisierende Kommunikationsform soll auch das Dazugehören, also das Nicht-Abweichen bestätigen. Wer in der Alltagsinteraktion abweicht oder Defizite aufweist, der/die muss eine Rechtfertigungsgeschichte präsentieren (vgl. ebd.: 184). Wer, aus welchen Grund auch immer, gegen die Standardvorstellung von „normal" verstößt (d.h. in einer Weise „hybrid" ist, die die Grenzen der Vermischung von Kategorien im herrschenden Diskurs überschreitet), der wird zu einer Auskunft bezüglich dieser Überschreitung verpflichtet. BATTAGLIA (vgl. ebd.: 183) benutzt den Begriff der „Salienz“ um im Diskurs um Zugehörigkeit die Auffälligkeit der ausländischen Abstammung durch den Namen oder das Aussehen zu kennzeichnen. Standartfragen in Alltagssituationen, die an Hybride gerichtet werden, beziehen sich primär immer auf deren „Herkunft“, während die üblichen Inhalte biographischer Gespräche im Hintergrund bleiben (vgl. ebd.: 186). Diese Gespräche, die durch ein als auffällig kategorisiertes Merkmal (nicht standarddeutscher Name oder nicht standarddeutsches Aussehen), eingeleitet werden, können nach BATTAGLIA (vgl. ebd.) als „Salienzgespräche“ bezeichnet werden. Es sind nicht nur die Inhalte der biographischen Kommunikation, die im Fall von Salienz anders ausfallen:

> „Binationale werden nicht nur nach anderen Dingen gefragt und bleiben dementsprechend anders im Gedächtnis, sie geraten auch in eine ganz bestimmte kommunikative Rolle, denn sie irritieren. (...) Binationale strapazieren somit das Bedürfnis der Fragenden nach Eindeutigkeit und nach klarer Orientierung. Ihre Identität bleibt vage und unfassbar. Sie passen nicht in die groben Kategorien nationaler und kultureller Identität, die den meisten Menschen ohne größere Reflexion zur Verfügung steht.“ (Ebd.: 187)

Die „Befragung“ findet häufig solange statt, bis die/der Fragende die kognitiven Dissonanzen, die durch die Irritation aufgrund der fehlenden Eindeutigkeit des Gegenübers, bei ihr/ihm entstanden sind, aufgelöst hat. Gleichzeitig wird das nicht standarddeutsche Aussehen in Alltagssituationen mit bestimmten Zuschreibungen und Erwartungshaltungen gekoppelt:

> „In der Regel aktiviert der optische oder akustische Eindruck des Ausländischen, jedoch nicht nur die Neigung nachzufragen, sondern auch ein Bündel an unreflektierten Ausnahmen, Schemata, vorgefassten Erklärungsmustern und Vorstellungen von den Eigenschaften eines solchen Menschen.“ (ebd.: 188).

Die in Salienzinteraktionen gestellten Fragen zielen daher darauf hin, auch bestimmte Mythen über „Hybride“ für sich selbst zu bestätigen. Entlang dieser Mythen wird die hybride Identität verhandelt, wodurch charakteristische Kommunikationstypen, sich immer wiederholende Konversationsrituale, entstehen (vgl. ebd.: 188f). Die Fragen, die an Hybride gestellt werden, implizieren bestimmte Erwartungen und Zuschreibungen und wirken sich als Du-Botschaften aus (vgl. ebd.: 195).

Zu diesen Typen von Identitätsverhandlungen gehören nach BATTAGLIA (vgl. ebd.: 189-195):

- der Herkunftsdialog (woher kommst Du?) (vgl. ebd.: 189) - der Nationalitätsdialog (welcher Nationalität gehörst Du an?) (vgl. ebd.: 190)
- die StellvertreterInneninteraktion (die RepräsentantInnenrolle der ausländischen Abstammungskultur oder Nation) (vgl. ebd.: 192)
- die Determinismusdebatte (Lebensäußerungen Hybrider werden als Ausdrucksformen ihrer ausländischen Abstammung interpretiert) (vgl. ebd.:192f.)
- der Sprachkompetenz-Dialog (Erwartung einer bi- oder multilingualen Kompetenz) (vgl. ebd.: 193)
- der Landeskunde-Dialog (Erwartung einer bi- oder multikulturellen Bildung) (vgl. ebd.: 194f)

Diese ritualisierte Kommunikation hat für Hybride einen identitätsbildenden Charakter. Die Salienzerfahrung vermittelt das Gefühl „anders" zu sein. Während die Herkunfts- und Nationalitätsfrage die Wahrnehmung und/oder die Berechtigung der Irritation der Fragenden bestätigen soll, vermittelt sie allein durch ihre Häufigkeit dem Gegenüber die Botschaft der Nichtzugehörigkeit. Die „Determinismusdebatte", der „Sprachkompetenz-Dialog" und der „Landeskunde-Dialog" etablieren hingegen spezielle Normen des Normal-Seins und des Kompetent-Seins, mit denen Hybride konfrontiert werden, die für sie selbst jedoch diffus bleiben, weil die Zuschreibungen von Außen mit dem eigenem Selbstverständnis häufig nicht übereinstimmen (vgl. ebd.: 196). Nach BATTAGLIA (vgl. ebd.: 197f) werden die Identitätsfragen, die sich auf das Anderssein oder die Nichtzugehörigkeit beziehen erst durch die Interaktion mit der Außenwelt relevant. Die sich immer wiederholende Vermittlung des Abweichens von dem, was als „Standarddeutsch" verstanden wird, führt zu einer verstärkten Beschäftigung mit den Fragen, zu denen immer wieder Stellung bezogen wird.

2. Hybridität als Privileg des Westens: Kulturelle Identitäten im Zeitalter der Globalisierung

Mark TERKESSIDIS (vgl. 1999: 2) stellte die Frage nach der Anwendbarkeit der Erkenntnisse der angloamerikanischen Postkolonialismus- und Mulikulturalismus-Debatten auf den deutschsprachigen Raum. Er weist darauf hin, dass es wichtig ist, zwischen dem Hybriditätsbegriff, wie dieser in den postkolonialen Diskursen verwendet wird und seinem „Zerrbild in den Diskursen der Konsumgesellschaft" (ebd.) zu unterscheiden, das bei den deutschen Intellektuellen (wie z.B. bei BRONOFEN/MARIUS 1997: 12ff oder BECK-GERNSHEIM 1998: 163ff) vorzufinden ist. Kritisiert wird die in Deutschland recht geläufige Verwendung des Hybriditätsbegriffes, die sich vor allem mit den Auswirkungen der Globalisierung auf die kollektiven oder individuellen Identitäten der Bevölkerung westlicher Industriegesellschaften oder mit migrationgezeichneten Künstlerinnen und Intellektuellen beschäftigt. Dieser Perspektive wird vorgeworfen (z.B. RÄTHZEL 1997: 44, TERKESSIDIS 1999: 1), dass sie ihre privilegierte Position ignoriert, indem sie ausblendet, dass die von ihr gefeierten Grenzüberschreitungen nicht mit einer Veränderung der globalen Ungleichheit einhergehen. Auch wenn kulturelle Grenzen durchlässiger geworden sind, so lautet eine zentrale These dieser Überlegungen, bleibt es weiterhin von wesentlicher Bedeutung von wem, wann und wo diese überschritten werden. In Frage gestellt wird also der elitäre Charakter der westlichen Begriffsverwendung, auf den ich jetzt etwas genauer eingehen werde.

2.1. Hybridität der Migrationgezeichneten im westlichen Diskurs

Während in den postkolonialen Diskursen Hybridität als Widerstandpraxis verstanden wird, gilt das Loblied von vielen westlichen Intellektuellen, wenn es sich auf Migrationgezeichnete bezieht vor allem den KünstlerInnen und Intellektuellen, die sich mit ihrer Deplatzierung auseinandersetzen und diese in Wort und Bild ausdrückten und weniger den AsylbewerberInnen in Sammellagern oder den illegal eingereisten und/oder arbeitenden Flüchtlingen. Nora RÄTHZEL (vgl. 1997: 213) zeigt an einem prägnanten Beispiel die unterschiedliche Bewertung von hybriden Individuen auf. Sie bezieht sich auf ein Forschungsprojekt über Jugendliche in englischen und deutschen Städten, an dem sie selbst beteiligt war. Nach RÄTHZEL ließ dieses Forschungsprojekt erkennen, dass gerade Jugendliche aus den unteren Klassen mit Migrationhintergrund dazu neigen neue hybride Lebensformen zu erschaffen, indem sie z.B. verschiedene Sprachen, verschiedene Kleidungsstile entwickeln oder gemischte Jugendgruppen bilden. Die hybriden Identitäten und Lebensformen von solchen Jugendlichen die in „selbstgeschaffenen Zwischenräumen" (vgl. ebd.) leben, werden in der deutschen Öffentlichkeit anders als die der KünstlerInnen und Intellektuellen bewertet:

> „Ein wichtiger Unterschied zwischen den hybriden Intellektuellen und den hybriden Jugendlichen besteht darin, dass die Produkte der einen (inzwischen zunehmend) gepriesen werden und Anerkennung finden, während die Produkte der anderen als unzulänglich zurückgewiesen werden." (Ebd.: 213).

Die Hybridität der migrationgezeichneten Jugendlichen gilt als soziale Inkompetenz, ihre vermischten Sprachstile machen sie zu „doppelten Halbsprachlern" (vgl. ebd.), die weder die eine noch die andere Sprache richtig können, denen die Orientierung fehlt, die durch eine Identitätsdiffusion gefährdet sind, weil sie sich keiner Kultur, Nation oder Ethnie wirklich zugehörig fühlen. RÄTHZEL (vgl. ebd.: 214) sieht diese Abwertung im Zusammenhang mit der notwendigen Stabilisierung der herrschenden Ordnung. Die Orientierung an zwei oder mehreren Wertsystemen kann sich auf die klaren Unterscheidungskriterien der Mehrheit zwischen Innen/Außen, richtig/falsch etc. auswirken. Hybride Identitäten, wie sie gerade beschrieben wurden, können daher eine Gefahr für den gesellschaftlichen Unterordnungszusammenhang darstellen.

2.2. Hybridität in den neuen westlichen Identitätskonstruktionen

Neben der Verwendungsweise von Hybridität, die sich auf MigrantInnen bezieht, dient der Terminus im westlichen Kontext ebenfalls zur Beschreibung der neuen Identitätskonstruktionen der Mehrheit (vgl. TERKESSIDIS 1999: 3). Im Zusammenhang mit den westlichen Gesellschaften steht der Begriff für die sozialen Umwandlungsprozesse und bezieht sich auf den Vorgang, innerhalb dessen sich die kulturellen Symbole aus ihrem vorherigen Kontext und ihren festen Verortungen lösen (vgl. FRIEBEN-BLUM/JAKOBS 2000: 20). Hybridität verweist hier auf Flexibilität, Veränderlichkeit und innere Heterogenität von kollektiven und individuellen Identitäten. Gemeint ist im Rahmen dieser Begriffsverwendung jedoch die Heterogenität der Kultur (z.B. Esskulturen, Sport, Mode) und der Kunst (Musik, Film, bildende Kunst) innerhalb eines abgesteckten Rahmens, in diesem Fall des der „westlichen" Welt (vgl. RÄTHZEL 1997: 44). Diese Sichtweise auf Hybridität, die kulturelle Vielfalt vor allem als Chance, als Bereicherung oder Kreativitätsförderung (hier stellt sich eben die Frage für wen) in den Vordergrund stellt, muss sich den Vorwurf der einseitigen Wahrnehmung des Hybriditätsprozesses gefallen lassen. Hier ist auch elitäres Gedankengut zu identifizieren, wenn z.B. interne Geschlechts- und Klassenunterschiede übersehen werden, indem von Individuen ausgegangen wird, die es sich leisten können zwischen verschiedenen kulturellen Elementen zu wählen. RÄTHZEL (vgl. 1999: 214) führt das Beispiel heran, dass ein Mercedesfahrer zwar unter einer Brücke schlafen kann, einem Obdachlosen das Fahren eines Mercedes mit höchster Wahrscheinlichkeit aber nicht möglich ist. Die unterschiedlichen Bedingungen können nicht, wie eine oberflächliche Verwendung des Hybriditätsbegriffes vielleicht impliziert, spielerisch ausgetauscht werden. Oder um diese Aussage mit einem Zitat von ZIZEK (1999: 155) zu ergänzen:

> „Auf streng homogene Weise funktioniert die gegenwärtige „politisch korrekte" liberale Haltung, die sich (als ein „Weltbürgertum" ohne Verankerung in einer besonderen Gemeinschaft) die Beschränkung ihrer ethnischen Identität überwinden sieht, in ihrer eigenen Gesellschaft als ein enger, elitärer Kreis von Leuten aus der oberen Mittelschicht- im deutlichen Gegensatz zur Mehrheit der gemeinen Menschen, auf die man herabsieht, weil sie in den engen Grenzen ihrer Ethnie oder Gemeinschaft gefangen sind."

2.3. ...und die „Anderen"

Neben der positiven Hervorhebung der vielfältigen Möglichkeiten und Formen der kulturellen Vermischung, bleibt die Unterscheidung zwischen „Wir" und den „Ande-

ren“, bzw. den „Fremden“ weiterhin bestehen. Diese Unterscheidung stellt für TERKESSIDIS (vgl. 2002: 31) eine mehr oder weniger bewusste Strategie im Umgang mit gesellschaftlichen Konflikten dar. Auch RÄTHZEL (vgl. 1999: 206) weist auf die politische Wirksamkeit dieser Unterscheidung hin, die Differenzen dazu verwendet um binäre Strukturen von Herrschaft und Unterwerfung zu (re)produzieren: Eine Gruppe, der unterstellt wird, dass sie die natio-ethno-kulturelle Ordnung durch Zersetzung gefährdet, wird dazu funktionalisiert die Einheit von Unterwerfenden und Unterworfenen zu stabilisieren. Sie dient als Bindemittel einer Ordnung, die immer neu (re)produziert werden muss und die stets der Gefahr ausgesetzt ist auseinander zu brechen.
Zur Versinnbildlichung dieser Differenzierung und ihrer Anwendung zum Zweck der Aufrechterhaltung von Herrschafts- und Unterwerfungsverhältnissen, kann die von TERKESSIDIS (vgl. 1999, 2002) aufgezeigte „Kopftuch-Debatte“ als Beispiel dienen.

2.3.1. Die „Kopftuch-Debatte“

Die überwiegend von Frauen muslimischen Glaubens getragene Kopfbedeckung ist in Deutschland zum Symbol einer politisch und kulturell „unpassenden“ Differenz geworden, indem sie die „Grenze von Toleranz und Vermischung" (vgl. TERKESSIDIS: 2002: 36) markiert. Dieses Thema sorgte für Schlagzeilen als 1998 Fereshta LUDIN in Baden-Württemberg nicht Lehrerin werden durfte, weil das von ihr getragene Kopftuch „ein Symbol kultureller Abgrenzung“ sei, so die Kultusministerin Annette SCHAVAN. Spätestens seitdem wird das „Kopftuch“ in öffentlichen Diskursen wie z.B. der Presse dazu verwendet um die Problematik der „Integration“ zu veranschaulichen (vgl. ebd.: 36). Durch die Medien kursieren zwei verschiedene Frauenbilder, die gegenübergestellt werden. Das bevorzugte Bild der westlich geprägten Massenkultur einer erotisch entblößten Frau wird mit einer sich dieser Prozedur mittels Verdeckung entziehenden Frau in Konkurrenz gestellt (vgl. TERKESSIDIS 2002: 36). Diese Vorgehensweise dient der Stabilisierung der bestehenden Herrschaftsverhältnisse, indem Frauen bei ihrer Forderung nach gesellschaftlicher Gleichstellung gegeneinander ausgespielt werden. Das Bild der islamischen Frau in der westlichen Öffentlichkeit ist das einer unterdrückten, durch polygame Familienstrukturen unterworfenen Frau[22]. Parallel dazu werden in den islamischen Medien Bilder von westlichen Frauen als Sexualobjekte und Vergewaltigungsopfer verbreitet. Diese stereotypisierten Bilder von der Situation der Frauen des jeweils anderen Kulturkreises werden dazu verwendet, um von den eigenen gesellschaftlichen Missständen der Geschlechterpolitik abzulenken (vgl. BREIDENBACH/ZUKRIGL 2002: 23).

> „Im Westen ebenso wie in islamischen Ländern sollen Frauen mit der Botschaft beruhigt werden: "Verglichen mit den Frauen in anderen Gesellschaften habt ihr es doch gut." (Ebd.)

Das Kopftuch ist in Deutschland jedoch nicht nur ein Symbol in gerade skizzierten Sinne, sondern ein seit vielen Jahren gewohntes Alltagsphänomen. Solange das mit „Fremdheit“ assoziierte Kopftuch als „Fremdes“ behandelt werden kann, muss die Umgehensweise nicht weiter problematisiert werden. Der deutsche hegemoniale Blick wird nicht grundsätzlich gestört, wenn sich ihm "Fremdheit" zeigt. Dass muslimische Frauen unterdrückt werden wird sogar erwartet. Zu Schwierigkeiten kommt es erst, wenn die „Fremden“, in diesem Fall die Kopftuchträgerinnen gerade in ihrer Sichtbarkeit als "Fremde" Gleichberechtigung fordern, wie es bei Fereshta LUDIN der Fall war, denn

> „erst wenn diese "Fremdheit" den Kontext wechselt und selbstbewusst als Lehrkraft an deutschen Schulen auftaucht oder wenn diese Fremdheit den Genuss von exotisierter Weiblichkeit in der globalen Massenkultur gewissermaßen blockiert, dann wird dieses "Fremde" plötzlich problematisch.“ (TERKESSIDIS 2002: 36)

Da das Kopftuch die exotisierte Frau „verschleiert“ und ihre Konsumierbarkeit verunmöglicht, und auch nicht als spielerischer Baustein zur Herstellung der Hybridität der Majorität taugt, wird es hingenommen solange es die Grenze zwischen dem „Eigenen“ und dem „Fremden“ markiert, ruft jedoch Empörung hervor, sobald seitens dieser „Fremden“ Vermischungsversuche mit dem „Eigenen“ unternommen werden. TERKESSIDIS (vgl. 2002: 37) stellt unter Einbezug von Interviews, die Yasemin KARAKASOGLU-AYDIN mit "Kopftuch-Studentinnen" türkischer Herkunft durch-

[22] Diese Darstellungsform gewann seit 1996 im Zusammenhang mit der Situation der Frauen im Afghanistan und spätestens seit dem 11. September 2001 im Kontext der kriegerischen Auseinandersetzungen an Bedeutung (vgl. BREIDENBACH/ZUKRIGL 2002: 23).

geführt hatte, die These auf, dass gerade diese Frauen die Form von Hybridität verkörpern, die in den postkolonialen Diskursen eine zentrale Rolle spielt. Die jungen Musliminnen bedienen sich eines Symbols für geschlechtsspezifische "Fremdheit", indem sie es, so TERKESSIDIS (1999: 8)

> „als Kommunikationsmedium in einem symbolischen Kampf um direkte Machtwirkungen auf der Ebene des Alltagslebens" verwenden.

Aus den Interviews wird ersichtlich, dass das Kopftuch für diese Frauen kein Symbol der "kulturellen Abgrenzung" im Sinne von religiöser Traditionalität und weiblicher Unterordnung darstellt. Das von den jungen Frauen getragene Kopftuch ("türban") hat nicht viel mit der türkischen Tradition zu tun. Außerdem kam ein großer Teil der interviewten Studentinnen aus Familien, in denen die Religion keine zentrale Rolle spielte. Den Entschluss das Kopftuch zu tragen verstanden die jungen Frauen selbst als individuell und emanzipativ. Das Kopftuch stellt eine Möglichkeit dar, sich dem sexualisiertem öffentlichen Blick zu entziehen, indem es Persönlichkeit und weniger das Äußere in den Vordergrund stellt (vgl. (TERKESSIDIS 2002: 37).

> „Alle Bedeutungen, die von den jungen Frauen selbst mit dem Tragen des "türban" verbunden werden, sind im höchsten Maße "integriert" und "modern". Gleich, ob man diesen emanzipativen Anspruch anzweifelt oder nicht, die jungen Frauen bilden jedenfalls eine internationalistische, im Hinblick auf sexuelle und ethnische Differenz aktive Subkultur, die über den Bezug auf ein für die hegemoniale Kultur bedeutsames Zeichen via Stil Einwände formuliert." (Ebd.)

Zusammengefasst war im letzten Abschnitt davon die Rede dass es sich bei dem Prozess der Hybridisierung, der hauptsächlich als ein Tor zu neuen, auf welche Weise auch immer bereichernden (multi)kulturellen Vermischungsformen, angesehen wird, um ein Privileg handelt, da diese Art der Hybridisierung einigen wenigen Individuen, nämlich den migrationgezeichneten KünstlerInnen und Intellektuellen und den Angehörigen der konsumstarken „Mitte" der als „westlich" bezeichneten Gesellschaften zuteil wird. Die „Anderen" repräsentieren in diesem Zusammenhang die Elemente, die das privilegierte westliche Subjekt, ähnlich wie auf einer Farbpalette zusammenmischen und zu einem neuen Bild kreieren kann: Bei Nichtgefallen oder Überdruss kann die Leinwand ohne größere Konsequenzen wieder mit neuen Motiven übermalt werden, während die „Anderen" als Auswahlrepertoire immer als die Gleichen gedacht werden:

> „die Anderen werden (man könnte sagen, wie gehabt) im Prozess von deren Identitätsbildung und zu deren Vergnügen auf bestimmte Eigenschaften festgelegt“ (TERKESSIDIS 1999: 4).

TERKESSIDIS (vgl. ebd.) geht davon aus, dass der rassistische Unterton, auch wenn er viel schwieriger zu erkennen ist, nicht nur weiterhin erhalten bleibt, sondern zum Zweck der Symbolisierung von konsumistischen Unterschieden auch notwendig ist während gleichzeitig suggeriert wird, dass die Grenzen sich aufgelöst hätten.

> „Im westlichen Diskurs verweist Hybridität auf den Zusammenhang von ausdifferenzierten, vielfältigen Kulturen, durch die hindurch sich binäre Gegensätze immer wieder reproduzieren: zugehörig – nicht-zugehörig, Frauen – Männer, Arbeit – Kapital. Hybridität ist dann nur ein Aspekt dieses Zusammenhanges. Sie bleibt das Privileg kleiner Gruppen, solange sie die Machtverhältnisse, die die gesellschaftliche Vielfalt immer wieder in die binäre Herrschaftsstruktur zwingen, nicht in Frage stellt.“ (RÄTHZEL 1999: 215)

Poltische Wirksamkeit im Sinne der Minderung von Ungleichheitsverhältnissen kann Hybridität jedoch nur erlangen, wenn sie sich nicht mehr nur auf die Pluralität der kulturellen Elemente bezieht, sondern ebenfalls gesellschaftliche Entwürfe (hier gemeint als Umstände, die das Individuum bestimmen) mit einbezieht. RÄTHZEL (vgl. 1999: 219) führt zur Versinnbildlichung eine Textstelle aus dem Kapital auf: In diesem Beispiel zitiert MARX ein Märchen, in dem zwei Mädchen durch monotone Anforderungen der Arbeit unterschiedliche, doch sehr einseitige Fähigkeiten und Körperfunktionen entwickelten. Das eine hatte einen dicken Fuß durch das jahrelange Treten des Spinnrads, bei der anderen führte das Halten des Fadens mit dem Mund zu einer dicken Lippe. Hybridität ohne die Einbeziehung von gesellschaftlichen Strukturen würde für eine Vermischung der Elemente plädieren, die dem Individuum sowohl einen dicken Fuß als auch eine dicke Lippe bescheren würde, ohne dabei die einseitig prägenden Strukturen zu hinterfragen.

3. Hybridität als Dekonstruktionswerkzeug von Einheitskategorien

Im Rahmen der dritten Leseart des Hybriditätsbegriffes wird Hybridität als Strategie gegen Ausgrenzung verstanden und dazu verwendet, die als Einheiten gedachten identitätsstiftende Kategorien wie Nation, Kultur oder Ethnie als hybrid zu entlarven. Der Hybriditätsbegriff stellt innerhalb dieser Anwendungsweise die Einheiten in Frage, die als schon immer da gewesen gedacht werden, und betont ihr Unterworfensein unter die beständigen Veränderungsprozesse, d.h. er dekonstruiert die Einheitsvorstellung der Vergangenheit, der Gegenwart und der Zukunft. Dieser Vorgehensweise liegt die Vorstellung zugrunde, dass die Annahme homogener Einheiten den wesentlichen Grund für die Ausgrenzung der „Anderen" bildet. Da der Homogenitätsanspruch als zentrale Grundlage für Ausschluss angesehen wird, soll dieser mit der Behauptung „Hybridität" deligitimiert werden (vgl. RÄTHZEL 1999: 204f) RÄTHZEL (vgl. ebd.: 205ff) stellt jedoch fest, dass bezogen auf die deutsche Nation, nicht von Homogenität, sondern von einer Vielfalt der Sprache, der Kulturweisen etc. auszugehen ist. So würde kaum jemand behaupten, dass die kulturellen Traditionen (wie z.B. der Dialekt oder die traditionellen Speisen und Getränke oder Heimatlieder) der bayerischen Bevölkerung denen aus dem Norden gleichen. Auch der Lebensentwurf einer in einer Großstadt lebenden, lesbischen, kinderlosen Hochschuldozentin, dürfte nur wenig Ähnlichkeiten mit dem Leben eines allein erziehenden Vaters von drei Kindern aufweisen, der in einer Kleinstadt von der Sozialhilfe lebt. Die Akzeptanz des kulturellen Pluralismus hat jedoch Grenzen, denn sie erlaubt eine Vielfalt von Elementen nur innerhalb eines bestimmten Rahmens, wie z.B. der Einschränkung einer Nation. Ein vereinheitlichender nationaler Rahmen macht es möglich, Differenzen wie die zwischen den Klassen oder Geschlechtern als bloße Unterschiede innerhalb der nationalen Zugehörigkeit anzusehen, die auf einer höheren Ebene eine Einheit bilden, während andere Elemente als nicht-zugehörig definiert und ausgeschlossen werden können. Aus dem Rahmen fallen dann diejenigen Elemente, die die nationale Ordnung stören könnten, denn der innere Zusammenhalt bleibt auf die Ausgrenzung der „Anderen" angewiesen. Die eingeschränkte Wirksamkeit der Hybriditätsbehauptung als Strategie gegen Ausgrenzung kann dort festgestellt werden, wo sie den Rahmen, der die Ausgrenzungsprozesse definiert (re)produziert, indem sie ihn zwar intern erweitert, ihn aber in seiner Herrschaftsstruktur unberührt lässt. Die interne Erweiterung kann insofern festgestellt werden, als bestimmte Gruppen wie z.B. die der „Homosexuellen“, sich durch jahrelange Kämpfe um Anerkennung einen Platz innerhalb des Rahmens der nationalen Ordnung erobern konnten. Solche inhaltlichen Neubestimmungen können zwar Einfluss auf das Herrschaftsstrukturen nehmen, sie tun dieses aber nicht zwangsläufig (vgl. ebd.: 207). Die partielle Anerkennung der Hybridität innerhalb einer Gesellschaft oder Gemeinschaft kann mit gleichzeitiger Ein- und Ausgrenzung einhergehen. Die bloße Anerkennung der Vielfalt ist also noch kein Garant für die Minderung von Ausschließungsprozessen, doch ebenso sollte die Unterstellung von Essentialismus nicht zwangsläufig als stigmatisierend und ausgrenzend gesehen werden. So konnte z.B. die essentialistisch gedachte Einheit der Frauen dazu verhelfen eine Frauenbewegung ins Leben zu rufen. Auch wenn in späteren Jahren die Vorstellung eines einheitlichen, gemeinsamen, weiblichen „Wir“ von vielen (Post)FeministInnen in Frage gestellt wurde, so bildete dieser Gedanke das Fundament eines Bewusstseins, das einer Gruppe Kraft, Selbstbewußsein und politische Handlungsfähigkeit verlieh. Hybridität kann, wenn auch nicht als das entscheidende, so doch als ein wichtiges Argument gegen Ausgrenzung angesehen werden. Die Hervorhebung der Vielfalt stellt zwar eine Widerstandspraxis dar, die sich gegen Argumente richtet, die sich auf die Schließung der Grenzen beziehen, sie lässt aber an Effektivität mangeln, wenn sie den Rahmen unhinterfragt lässt (vgl. RÄTHZEL 1999: 211). Ebenfalls sei anzumerken, dass „Hybridität“ als analytische Praxis, Differenzen zwischen unterschiedlichen als Einheiten gedachten Kategorien, die sich vermischen, voraussetzt. Problematisch bleibt bei dieser Begriffsverwendung, dass die Vermischung als eine Metapher verstanden werden kann, die ein Bild von ursprünglich getrennten Kulturen vermittelt und auf diesem Wege wieder in den Essentialismus zurückfällt (vgl. FRIEBEN-BLUM/JAKOBS 2000: 20), d.h. um „Hybridität“ zu schaffen bedarf es verschiedener unvermischter Einheiten. Doch die alleinige Betonung der natio-ethno-kulturellen Heterogenität aufgrund der Vermischung von Elementen reicht nicht aus, um das traditionelle metaphysische Verständnis von Identität und Einheit in Frage zu stellen, da das Subjekt nun zwar aus verschiedenen Identitäten besteht, diese jedoch immer noch als Einheiten (Geschlecht, Klasse etc.) gedacht werden. Differenz wird in diesem Fall zwischen den Identitäten und nicht in der

Identität selbst begriffen (vgl. HARK 1996: 55). Um dem Essentialismus zu entgehen, genügt es also nicht, das homogene, einheitliche Subjekt durch das fragmentierte und multiple Subjekt zu ersetzen, wenn dabei jedes Fragment seine geschlossene und konstitutive Identität behält, daher ist der Essentialismus der Elemente zu kritisieren (vgl. HARK 1996: 56). Trotz dieser Schwächen bleibt die Verwendung des „Hybriditätsbegriffes" m.E. wichtig, da er sich gegen essentialistische Konzepte wendet und weil mit der Annahme der Prozesse der Hybridbildung darauf verwiesen wird, dass Differenz etwas Relatives ist,

> „denn das Konzept der Hybridität untergräbt ein nach innen gerichtetes Konzept von Kultur, welches die Beziehungen zwischen den Kulturen als etwas statisches in dem Sinne betrachtet, dass Kulturen in der Interaktion ihre Abgegrenztheit bewahren." (FRIEBENBLUM/JAKOBS 2000: 21)

Aus dem oben genannten Grund bleibt der Hybriditätsbegriff als politische Strategie bedeutsam und sollte Einzug in die pädagogische Theorie und Praxis finden. Auf welche Weise dies geschehen kann, soll im nächsten Kapitel erläutert werden.

III. Diskussion zur sozialpolitischen Bedeutung des Hybriditätsbegriffes in der Pädagogik

In diesem Kapitel geht es um eine kritische Betrachtung der Verwendung des Hybriditätsbegriffes im Diskurs der kulturellen Differenz und zwar mit dem Fokus auf die pädagogische Theorie und Praxis. Dabei geht es mir darum zu prüfen, ob der Hybriditätsbegriff im Feld von Pädagogik produktiv gemacht werden kann. Es wird hier die Frage gestellt, inwieweit der Hybriditätsbegriff (im Sinne der Dekonstruktion) zur Reduktion und/oder Aufhebung von sozialer Ungleichheit im Zeitalter der Globalisierung und Lokalisierung im Rahmen der Pädagogik beitragen kann. Dazu zunächst ein Rückblick auf die erarbeiteten Ergebnisse:
Am Anfang meiner Ausführungen habe ich mich mit der politischen Dimension der Begriffe beschäftigt und darauf hingewiesen, dass Begriffe als integrale Bestandteile von Macht- und Herrschaftsverhältnissen zu sehen sind, dies erfolgte in Orientierung am Poststrukturalismus, da sie bestimmte (interessenorientierte) Interpretationen der sozialen Welt mit all ihren Werten und Normen überhaupt erst ermöglichen (vgl. Kapitel I., Abschnitt 1.: Was ist an Begriffen politisch?). Von der politischen Macht der Begriffe ausgehend, sollte der Reflexion der im Diskurs der kulturellen Differenz verwendeten Kategorien (wie Rasse, Nation, Geschlecht oder Ethnie) eine hohe Priorität eingeräumt werden. Dabei sind vor allem diejenigen dazu aufgefordert eine kritische Haltung gegenüber den eigenen Orientierungs- und Wahrnehmungssystemen einzunehmen, die sich in ihrem Arbeitsalltag, ob in der Forschung oder in der psychosozialen Praxis mit dem Thema der natio-ethno-kulturellen Identitäten/Differenzen beschäftigen, dazu zählen z.B. ErzieherInnen, TherapeutInnen, LehrerInnen, SozialarbeiterInnen, PädagogInnen, PsychologInnen oder SoziologInnen. Neben der Aufforderung zur Selbstreflexion sollten ebenfalls die innerhalb des eigenen Arbeitsfeldes angewandten theoretischen Ansätze auf ihren Euro- und Ethnozentrismus hin kritisch reflektiert werden. Dies ist deshalb von Bedeutung, weil der Gegenstand der pädagogischen Auseinandersetzung mit der kulturellen Differenz trotz des konstatierenden theoretischen Paradigmawandels, auf den ich im Weiteren eingehen werde, weiterhin häufig das Andere oder Fremde und weniger das Eigene ist, was mit der

immer noch dominanten Logik des Diskurses vom Westen und dem Rest übereinstimmt, der den eigenen Blick zum Subjekt der Beobachtung macht (vgl. Kapitel I., Abschnitt 1.1.: Der Diskurs von dem Westen und dem Rest.).
Der bereits angesprochene Paradigmawechsel hat zur Folge, dass seit den 80er Jahren des letzten Jahrhunderts in den Sozialwissenschaften, was die kritische Hinterfragung der Differenzpraxen anbetrifft, bedeutsame Veränderungen zu verzeichnen sind. So hat sich mit der Einbeziehung poststrukturalistischer und postmoderner Ansätze ein gegen essentialisierende Vorstellungen gerichtetes Paradigma sozialer Konstruktion durchgesetzt, womit die Dekonstruktion verschiedenster Identitäts- und Subjektvorstellungen an Bedeutung gewann. Doch auch wenn sich inzwischen konstruktivistische Positionen, die sich mit dem Konstruktionscharakter von kollektiven Identitäten beschäftigen, in den Sozialwissenschaften durchgesetzt haben, sind sie eher selten bis in die (identitäts-)politische Praxis hinein wirksam. Daher bleibt die Diskussion um Essentialisierungen und Dekonstruktion von identitätsstiftenden Kategorien nach wie vor aktuell. Mit dieser Diskussion beschäftigten die nun folgenden abschließenden Überlegungen, die aus zwei Teilen bestehen: Der erste zeigt die Veränderungen innerhalb der Pädagogik, in Bezug auf die Betrachtung der Migrationthematik auf, die aus den sozial- und erziehungswissenschaftlichen Debatten um die kulturelle Differenz resultieren. Der veränderte Umgang mit der Migration und ihren Folgen soll anhand der Entwicklung von Ausländerpädagogik der 70er Jahre zur Interkulturellen Pädagogik der 80er Jahre, sowie dem in den 90er Jahren entstandenen Konzept der Egalitären Differenz von Annedore PRENGEL dargestellt werden. Der zweite Abschnitt thematisiert die Grenzen der Dekonstruktion von ethno-natio-kulturellen Kategorien, die sich entlang der realen gesellschaftspolitischen Situation von den „Anderen“ ziehen und deren direkte Auswirkungen im Alltag Handlungsoptionen erfordern, die auch im Widerspruch zu der Dekonstruktion der kollektiven Identitäten stehen können. In diesem Zusammenhang wird die Frage formuliert, wie mit dieser Paradoxie der De- und (Re-)Konstruktion von essentialisierenden Kategorien umzugehen ist.

1. Das Migrationsthema in der pädagogischen Theorie und Praxis

Die Beschäftigung mit der Migrationsthematik und das auf die Konsequenzen der Migrationsprozesse ausgerichtete pädagogische Handeln zählen in der Geschichte der deutschen Pädagogik (neben der Geschlechterforschung und der Integrationspädagogik) bis heute zu den Subdisziplinen. Die Entwicklung der für die Migrationthematik zuständigen Pädagogik verlief von der Ausländerpädagogik zur Interkulturellen Pädagogik. Im Folgenden werde ich diese beiden pädagogischen Konzepte zum Umgang mit Migrationprozessen und ihren Folgen in einer zusammengefassten Form wiedergeben, um damit die Entwicklung der in der Pädagogik geführten Diskussion um den Umgang mit Gleichheit und Differenz nachzuzeichnen. Ergänzen werde ich diese mit Annedore PRENGELS (vgl. 1995) Konzept der Egalitären Differenz, das eine weitere theoretische und handlungsorientierte Perspektive zum Thema Migration in der pädagogischen Theorie und Praxis darstellt.

1.1. Der Wandel von Ausländerpädagogik zur Interkulturellen Pädagogik

In den 70er Jahren entstand in den Erziehungswissenschaften zunächst unter dem Namen „Ausländerpädagogik“ eine neue Subdisziplin. Wie der Name schon besagt, richtete sich die Ausländerpädagogik, die aus didaktischen und sozialpädagogischen Maßnahmen bestand, ausschließlich an die ArbeitsmigrantInnen und insbesondere an deren Kinder. Als das zu lösende Hauptproblem wurde in der Ausländerpädagogik die fehlende Beherrschung der deutschen Sprache angesehen, wodurch der Förderung der sprachlichen Kompetenz eine besondere Rolle zuteil wurde. Die sprachliche Förderung sollte dazu verhelfen, die Kommunikationsschwierigkeiten der MigrantInnen zu reduzieren und den Kindern den Anschluss an den deutschen Schulunterricht und damit die Integration in die deutsche Gesellschaft zu erleichtern. Die ausländerpädagogischen Handlungsansätze waren darauf konzipiert die Defizite der Kinder und Jugendlichen ausländischer Herkunft auszugleichen, die an den Anforderungen des deutschen Schulsystems gemessen wurden (vgl. PRENGEL 1995: 75). Die Zielsetzung der Ausländerpädagogik bestand aus einer Doppelstrategie: Neben der sprachlichen Integration sollte die kulturellen Identität von MigrantInnen und damit ihre Rückkehrfähigkeit erhalten bleiben. In den 80er Jahren wurde die Ausländerpädagogik als angemessenes Konzept in Frage gestellt. Die Kritik resultierte aus einem bis heute andauernden Paradigmawechsel innerhalb des Sozialwissenschaften, der auf ein wachsendes Pluralitätsbewußsein zurückgeführt wird und in dessen Verlauf die Vorstellung von einem universellen erkenntnisleitenden Paradigma abgelöst wurde.. Der in den letzten dreißig Jahren sich vollziehende Paradigmawandel geht mit einer bis heute andauernden Gleichheit/Differenz-Debatte einher. Im Bereich der Erziehungswissenschaften führte die Differenz-Debatte zur Hinterfragung der als allgemein gesetzten „Normalitätskonstrukte" der Pädagogik. Verstärkt in den 80er Jahren kam es zu Kritiken an der Homogenisierung, die alles von der Normkonstruktion Abweichende als Defizit definiert. Die Kritik kam zunächst aus jenen Fachrichtungen, die sich mit der Situation der gesellschaftlich Benachteiligten beschäftigten: Frauenforschung, Sonder- und Ausländerpädagogik (vgl. KRÜGER- POTRATZ 1999: 153). Infolge der Differenzdebatte innerhalb der Pädagogik wurde die einseitige Betrachtung, von den oben genannten Fachrichtungen, der als anders kategorisierten Individuen und Gruppen (Frauen, Ausländer, Behinderte) in Frage gestellt und führte zu einer Sensibilisierung für die Differenzierungspraxen, die diese Kategorien überhaupt erst möglich und politisch bedeutsam gemacht haben und machen. Die Schwerpunktverschiebung von Defizit- zum Differenzansatz führte bei den drei Subdisziplinen der Allgemeinen Pädagogik zu einer Namensänderung. Die Subdisziplinen wie Frauenforschung, Sonder- und Ausländerpädagogik veränderten ihre Namen in Geschlechterforschung, Integrationspädagogik und Interkulturelle Pädagogik um die neudefinierten Schwerpunkte zu kennzeichnen und kritisierten die Norm der Allgemeinen Pädagogik, die nach Subtraktion der Teildisziplinen sich auf den „männlichen", „jungen" und „gesunden" Deutschen bezog und alles andere zur Abweichung erklärte (vgl. LUTZ/WEDDING 2001:13ff). Die Auseinandersetzung mit dem Normalitätsverständnis der Allgemeinen Pädagogik wirkte sich auf die Diskussion über den Defizitansatz aus. Der Defizitansatz erklärte Verschiedenheit zum Defizit, das durch besondere Förderprogramme im Sinne einer kompensatorischen Erziehung behoben werden müsste. Aus der Hinterfragung der Norm der Allgemeinen Pädagogik fand in den pädagogischen Subdisziplinen eine Bedeutungsverschiebung von Differenz zur Differenzierung statt (vgl. LUTZ/WENNING 2001: 15f). Dieser Wandel enthielt die Ablehnung der Hierarchisierung von Differenzen, die soziale Ungleichheit legitimieren. In diesem Zusammenhang wurde auch der Defizitansatz der Ausländerpädagogik wegen seiner einseitigen Darstellung und Handhabung der MigrantInnen als defizitäre Wesen kritisiert. Die als Folge der Differenzdebatte entstandene Interkulturelle Pädagogik grenzte sich kritisch von den Konzepten der Ausländerpädagogik ab. Ihre VertreterInnen stellten die einseitigen Bemühungen der Ausländerpädagogik in Frage, die sich hauptsächlich auf die Anpassung der MigrantInnenkinder an das Schul- und Ausbildungssystem der Aufnahmegesellschaft konzentrierten. Die Interkulturelle Pädagogik veränderte den Focus der Problemwahrnehmung, indem sie ihren Betrachtungswinkel mehr auf die Interaktion zwischen den Kulturen als auf die an der eigenen Kultur gemessenen Defizite der Anderen lenkte. Sie hat bis heute einen zentralen Stellenwert in den Erziehungswissenschaften und der pädagogischen Praxis, wenn der Umgang mit kulturellen Differenzen thematisiert und/oder problematisiert wird.

1.2. Interkulturelle Pädagogik

Die Interkulturelle Pädagogik legte den Schwerpunkt auf die durch die Migrationsprozesse eingeleiteten und fortdauernden Veränderungen im sozialen, demographischen und kulturellen Bereich (vgl. Kapitel I., 2.2. Globalisierung). Die Konzepte der Interkulturellen Pädagogik stellen die Erziehung zur wechselseitigen Anerkennung von kultureller Differenz durch die Hervorhebung unterschiedlicher kultureller Lebensformen in der Gesellschaft in den Mittelpunkt ihrer Arbeit. Interkulturalität wird dabei als pädagogisches Prinzip verstanden, dass eine Erziehung zur wechselseitigen Anerkennung von Differenz und zum gegenseitigen Respekt unter den Angehörigen der verschiedenen ethnischen Gruppen ermöglichen soll, wodurch aber auch die Existenz unterschiedlicher ethnisch geprägter kultureller Lebensformen in der Gesellschaft hervorgehoben wird (vgl. KRÜGER-POTRATZ 1999: 157ff).

1.2.1.Gleichheit/Differenz in der Interkulturellen Pädagogik

Innerhalb der Interkulturellen Pädagogik wurde eine Vielzahl an Konzepten entwikkelt, um die kulturelle Differenz friedlich zu überbrücken. Vereinfacht lassen sich diese in kulturuniversalistische (Betonung der Gleichheit) und kulturrelativistische (Betonung der Differenz) Positionen unterteilen.

a) Kulturuniversalistische Positionen

Die kulturuniversalistischen Positionen erheben die Befreiung aus der kulturellen Befangenheit zum Ideal, die mit Hilfe von über-kulturellen Bildungszielen verwirklicht werden soll. Als Bildungsziel der kulturuniversalistischen Ansätze der Interkulturellen Pädagogik gilt die Menschenbildung zur Selbst- und Mitbestimmung, sowie zur Sensibilitäts- und Solidaritätsgemeinschaft (vgl. PRENGEL 1995: 78). Kulturuniversalistische Ansätze zeichnen sich durch die Betonung von Menschenrechten aus, daher gilt Humanität als zentrale Kategorie. Kulturelle Konflikte sollen durch die Orientierung an universalen, quasi „natürlichen“ (und daher für alle Menschen gültigen) Grundrechten abgebaut werden (z.B. mit Hilfe der Menschenrechtskonvention) (vgl. ebd.: 79). In Bezug auf die Schule würde das bedeuten, pädagogische Konzepte zu entwickeln, die auf alle Kinder anwendbar sind, unabhängig von dem sozi-kulturellen Hintergrund. Doch universelle Konzepte, die den Anspruch erheben für alle gleich sinnvoll und gerecht zu sein, können diesen nicht durch die Gleichbehandlung ohne Berücksichtigung der unterschiedliche Vorraussetzungen von Einzelnen erfüllen. Der Universalismusgedanke muss sich zudem den Vorwurf des Ethnozentrismus gefallen lassen, denn die Annahme universaler Menschenrechte entspringt einer bestimmten historischen westeuropäischen Denktradition, die dabei die eigene subjektive Wahrnehmung aus dem Blick verloren hat (vgl. PRENGEL 1995: 81, vgl. KRÜGER-POTRATZ 1999:158).

> „Alle universalistischen Positionen der hier zur Diskussion stehenden Interkulturellen Pädagogik gewinnen ihre Maßstäbe aus der Geistestradition, der sie selbst angehören, aus der modernen abendländischen Tradition. Sie sind darum Versuche, aus der europäischen Sicht

> für alle hier lebenden Kulturen, gültige Aussagen zu treffen. Sie sind nicht davor gefeit, unter dem Deckmantel allgemeiner Interessenvertretung bewusst oder unbewusst ihre eigenen Interessen durchzusetzen“ (PRENGEL ebd.: 82).

b) Kulturrelativistische Positionen

Kulturrelativistische Positionen innerhalb der Pädagogik betonen die Gleichwertigkeit aller kulturellen Ausprägungen. Sie plädieren für die Anerkennung der Differenzen und deren Erhalt. Kulturelle Konflikte sollen durch das gleichberechtigte Leben unterschiedlicher Kulturen nebeneinander entschärft werden. Auf die Schulpraxis bezogen würde das eine Vielzahl unterschiedlicher Lernangebote, bzw. Schulen bedeuten, die sich durch Sprache und/oder Religionszugehörigkeit unterscheiden. Zu den Zielen zählt die Stärkung der eigenen kulturellen Identität bei gleichzeitigem gegenseitigem Respekt (vgl. PRENGEL 1995: 82). Kritisiert wird an dieser Perspektive des Umgangs mit Differenzen, dass viele verschiedene Erziehungssysteme aufgrund von fehlenden interkulturellen Spielräumen die Begegnungen ermöglichen, zur Verstärkung von kulturellen Unterschieden und weiterer Be- und Entfremdung, führen können (vgl. ebd.: 79). Die kulturrelativistischen Ansätze werden mit dem Vorwurf der Gleichgültigkeit (was darf im Namen von Kultur und Tradition erlaubt sein?) und dem Vorwurf der Stabilisierung von Differenzen (wie viel Raum bleibt für Veränderungen?) konfrontiert. (vgl. PRENGEL 1995: 86, KRÜGER-POTRATZ 1999 :158).

1.2.2. Kritik an der Konstruktion der Differenz in der Interkulturellen Pädagogik

Neben und mit den beschriebenen Konzepten des interkulturell-pädagogischen Wirkens ist eine weitere selbstkritische Diskussionsebene entstanden, die die eigene Begriffsanwendung von „Kultur“ und „Differenz“ kritisiert. Innerhalb dieser Diskussion wird der Beitrag seitens der Interkulturellen Pädagogik und der anderen Subdisziplinen zur Ausgrenzung hinterfragt, denn diese, so lautete der erste Kritikpunkt, ermöglichen die Aufrecherhaltung einer Pädagogik für „Normale“, die unter dem Namen der Allgemeinen Pädagogik geläufig ist. Mit der Unterteilung der pädagogischen Arbeit in unterschiedliche Aufgabenbereiche, wird die „normale“ Pädagogik entlastet und ihre Normalitätsdefinitionen bleiben unhinterfragt. Durch die Abtrennung des Anderen/Besonderen werden die Normalitätsvorstellungen gefestigt (vgl. KRÜGER-POTRATZ 1999: 159). Der zweite Kritikpunkt bezieht sich auf die Festlegung der kulturellen Differenz als Konfliktpotential. Auch die Problemdefinition der Interkulturellen Pädagogik muss überdacht werden, denn die interkulturellen Konfliktlösungsstrategien im Umgang mit den Differenzen unterstellen, dass Konflikte zwischen „Einheimischen“ und „Fremden“ auf kulturellen Differenzen und Verständnisschwierigkeiten beruhen. Das Recht auf Anderssein wird reklamiert, ohne nach dem Maßstab und der Genese von Differenz zu fragen (Wer grenzt sich von wem wie ab und warum?) (vgl. HÖHNE 2001: 205). Als Drittes wird an der Interkulturellen Pädagogik die Stilisierung von kulturellen Differenzen kritisiert. Interkulturelle Pädagogik repräsentiert eine Pädagogik der kulturellen Differenzen. Kulturelle Standards, die über andere Kulturen vermittelt werden, sollen dazu verhelfen Missverständnisse zu vermeiden und Vorurteile abzubauen, doch sie haben gleichzeitig Stereotypisierungen zur Folge. Ebenfalls wird der Interkulturellen Pädagogik, die sich innerhalb der Dimension von kultureller Differenz bzw. ethnischer Zuschreibung bewegt, vorgeworfen, die Kategorien, die kulturelle Differenzen kennzeichnen, überhaupt erst zu erschaffen. Die Stilisierung kultureller Differenzen unterstützt die Wahrnehmung des Einzelnen als VertreterIn einer kulturellen Gruppe. Das Aufgreifen von unterstellten ethno-natio-kulturellen Differenzen als zentrales Unterscheidungsmerkmal führt zu einer Abgrenzung nach Außen und einer Vereinheitlichung nach Innen (vgl. HÖHNE 2001: 208). Die Gefahr der Konstruktion und Reproduktion von natio-ethno-kulturellen Identitäten und Unterschieden durch ihre Betonung ist nicht zu unterschätzen, denn im Rahmen der Interkulturellen Ansätze wird häufig von „Kultur“ oder der „Herkunftskultur“ der MigrantInnen als einem zentralen Identitätsmerkmal gesprochen, dem im pädagogischen Prozess eine besondere Beachtung geschenkt werden sollte. Dies hat zur Folge, dass Kulturen als hermetische und unanfechtbare Einheiten rezipiert werden. Die Differenzen werden hervorgehoben, um das jeweilige Wissen über die andere Kultur und deren Andersartigkeit zu vermitteln, d.h. die Interkulturelle Pädagogik kulturalisiert Differenzen zwischen den Menschen und stabilisiert damit bestimmte natio-ethno-kulturelle Stereotypen, die wiederum zur Fremd- und Selbstethnisierung beitragen. Die kulturalistische Reduktion übersieht, dass MigrantInnen unter dem Einfluss spezifischer politischer, kultureller und ökonomischer Bedingungen eine eigene spezifische Identität entwickeln. Die einseitige Betonung der kulturellen Unterschiede verhindert die Wahrnehmung gemeinsamer und geteilter kultureller Muster. Sie läuft Gefahr auch dort kulturelle Differenzen zu unterstellen, wo sie für die Migrationgezeichneten selbst keine besondere Bedeutung mehr haben. Als vierter Punkt wird das Spannungsverhältnis zwischen theoretischer Dekonstruktion und praktischer Konstruktion kultureller Differenzen thematisiert. In diesem Zusammenhang wird das Theorie-Praxis Dilemma verdeutlicht: Auf der theoretischen Ebene werden Kultur und kulturelle Differenz spätestens seit dem Einfluss der postmodernen und poststrukturalistischen Theorien in den 80er Jahren als soziale Konstrukte begriffen, die sich durch Heterogenität und Prozesshaftigkeit auszeichnen. Auf der praktischen Ebene werden die kulturellen Unterschiede jedoch weiterhin als gegeben gehandhabt. Eine Brücke zwischen der Theorie und Praxis herzustellen ist auch problematisch, denn einerseits laufen die stereotypen Zuschreibungen dem an postmodernen Theorien orientierten Verständnis von Kultur zuwider, das die Prozesshaftigkeit, innere Ausdifferenzierung und Interpretationsoffenheit betont. Anderseits stehen Begriffe wie z.B. Ethnie oder Geschlecht für reale historisch durchgesetzte gesellschaftliche Verhältnisse, in denen Menschen zu kollektiver Zugehörigkeit verpflichtet werden (vgl. Kapitel II. Abschnitt 1.2.: Problematisierung fehlender Einheitlichkeit: Die Auskunftspflicht) und der sie sich auch bedienen, um politische Rechte einzufordern. (vgl. Kapitel I., Abschnitt 2.1.: c) Ethnizität) Der fünfte Kritikpunkt bezieht sich auf die Pädagogisierung gesellschaftlicher Probleme, denn der Handlungsspielraum, was die Möglichkeiten der Intervention anbetrifft ist begrenzt und endet dort, wo es um strukturelle soziale und politische Ungleichheit geht. Die alleinige Betonung der ethno-natio-kulturellen Unterschiede bei gleichzeitiger Ausblendung realer Benachteiligung kann die Sensibilisierung für die Asymmetrie von Beziehungen, die durch die fehlende politische, rechtliche und soziale Gleichbehandlung zu erklären sind, reduzieren (vgl. HÖHNE 2001: 204).

1.3. Pädagogik der Vielfalt

Zusammengefasst befindet sich die Interkulturelle Pädagogik in der Herausforderung zwischen Ignoranz (Kulturuniversalismus) und der Konstruktion (Kulturrelativismus) der kulturellen Differenzen/Identitäten. Die Konzepte von Gleichheit/Differenz bleiben weiterhin solange unterdrückend und diskriminierend, solange sie in Ausschließlichkeit propagiert werden. Beide Positionen kommen nicht umhin in ihrer konkreten Umsetzung auch zur Reproduktion von sozialer Ungleichheit beizutragen. Der erste Ansatz durch die Ausblendung, der zweite durch die Hervorhebung von kulturellen Differenzen/Identitäten. Das Propagieren von Gleichheit wirkt ausgrenzend, wenn Differenzen nicht wahrgenommen werden und somit auch nicht thematisiert und verändert werden können. Auf diese Weise wird die (alte) hierarchische Ordnung akzeptiert, die zwar von Gleichheit spricht, damit aber nicht alle meint. Das Ausblenden von Differenzen wird von denjenigen, die sich der Unterdrückung oder Ausgrenzung ausgesetzt fühlen, als diskriminierend erfahren. Die Hervorhebung der Differenz zementiert nicht nur stereotype Wahrnehmung von Differenzen, sondern trägt durch die Ausblendung der Über- und Unterordnungsverhältnisse, durch die und in denen Kulturen entstehen (vgl. Kapitel I., Abschnitt 2.1.: a) Kultur), zu deren Festigung bei. Beide Sichtweisen reduzieren ihre Wahrnehmung, auf eine Perspektive aus der heraus sie sich gegenseitig kritisieren. Solange sich diese Betrachtungsweisen gegenseitig ausschließen sind sie in der Praxis einseitig und daher in ihrer Anwendbarkeit nicht sehr effektiv, was eine friedliche Überbrückung kultureller Differenzen anbetrifft. PRENGEL (1995) schlägt daher den Begriff der egalitären Differenz vor. Während die Ausländerpädagogik die Differenz als die Differenz und das Defizit der Anderen und die Interkulturelle Pädagogik entweder die Gleichheit oder die Unterschiedlichkeit der Kulturen betont, geht Annedore PRENGELS Konzept von einer unaufhebbaren Dialektik von Gleichberechtigung und Verschiedenheit aus, deren Berücksichtigung zur Sicherung der heterogenen Gleichwertigkeit beitragen soll (vgl. PRENGEL 2001: 113). In den 90er Jahren wurde von PRENGEL ein Konzept vorgeschlagen, das die pädagogischen Subdisziplinen zur einer „Pädagogik der Vielfalt“ zusammenfasst. Die Pädagogik der Vielfalt hebt die Idee der demokratischen Gleichheit und der Anerkennung von Heterogenität hervor. Das Konzept der egalitären Differenz richtet sich gegen normative und normalisierende Erziehungs- und Bildungsvorstellungen, die sich auch in der Form von Subdisziplinen, die aus der Allgemeinen Pädagogik ausgegrenzt werden, äußern. Ihr Konzept unterscheidet sich insoweit von dem der Interkulturellen Pädagogik, dass er die Unterteilung der pädagogischen Arbeit in Subdisziplinen insgesamt in Frage stellt. Im Rahmen einer Pädagogik der Vielfalt werden die Subdisziplinen zu einer Pädagogik für alle zusammengefügt, denn den Verschiedenheiten soll ein Platz im Allgemeinen zugestanden werden:

> „Egalitäre Differenz als Handlungsmotiv von Bildung beruht auf dem Ziel des freiheitlichen, gleichberechtigten Zusammenlebens verschiedener Menschen. In Erziehungs- und Bildungssituationen sind mit dieser Zielsetzung, wie in anderen gesellschaftlichen Handlungsfeldern, stets mehrperspektivische Prozesse verbunden, die sich nicht auf eindimensional zielgerichtetes Handeln zuspitzen lassen, sondern das Wechseln zwischen verschiedenen Perspektiven favorisieren." (PRENGEL 2001: 102)

PRENGEL (vgl. 2001: 93) versteht Egalität und Differenz als sich gegenseitig bedingende und unverzichtbare Grundkategorien für demokratische Entwürfe. Die Betonung der Dialektik von Egalität und Differenz soll die verschiedenen Facetten und widersprüchliche Zusammenhänge in den Vordergrund stellen.

> „Je mehr das Denken sich mehrperspektivische Zugänge (Prengel 1997) eröffnet, desto weiter entfernt es sich von monoistischen Problemlösungen und schwärzweiß malenden Rechthabereien und desto mehr kann es sich den Ambivalenzen und dem pluralen Facettenreichtum von Untersuchungsgegenständen einschließlich der Widersprüche in den eigenen Entwürfen annähern." (PRENGEL 2001: 95)

Die Pädagogik der Vielfalt orientiert sich an einem (post)modernen Differenzbegriff der antihierarchisch und antiessentialistisch gedacht werden soll und stellt ein Plädoyer für ein demokratisches Differenzverständnis dar, das in die Bildung in Form von Multiperspektivität einfließen sollte. PRENGEL geht es um eine Anerkennung von Verschiedenheit und Gleichwertigkeit der Kulturen, inklusive der Heterogenität, die unter dem Begriff „deutsche Kultur" vorzufinden ist, wie den subkulturellen Differenzen, den Klassenantagonismen und dem Geschlechterverhältnis (vgl. 1995: 88). Ebenfalls geht es darum den Standort der eigenen ethnozentrischen Begrenztheit zu erkennen und anzunehmen. Die Anerkennung der Verschiedenheit von Kulturen darf jedoch kein Kritikverbot implizieren. Gemeinsame Normen und Werte lassen sich nicht einseitig entscheiden. Sie lassen sich immer nur gemeinsam herstellen und oft genug stellen sie sich auch nicht her, was auch nicht vertuscht werden sollte. PRENGEL spricht sich für die Erhaltung der kulturellen Differenz bei gleichzeitiger Offenheit für Veränderungen aus (vgl. ebd. 92). Sie fordert eine kritische, reflexive Auseinandersetzung mit der eigenen und anderen Kultur(en), die zur Anerkennung von Verschiedenheit und zur Förderung des eigenen kulturellen Bewusstseins führen soll. Das Erkennen der relativen Gültigkeit kultureller Werte und Normen soll jedoch nicht die eigene Kritikfähigkeit außer Kraft setzten. Es bleibt weiterhin sehr wichtig die eigenen Standpunkte zu beziehen, bzw. in ein Geschehen einzugreifen, wenn Menschenrechte verletzt werden, nur sollte dabei die Wahrnehmung der eigenen kulturellen Begrenztheit nicht verloren gehen. Die gegenseitige Anerkennung als gleichwertig ist allerdings nur bei gleichen Rechten und bei einer Gleichverteilung von Ressourcen und Machtmitteln möglich. Diese Vorraussetzungen sind jedoch bis heute nicht erfüllt, wodurch sich die praktische Umsetzung von PRENGELS Konzept problematisch gestaltet.

1.4. Hybridität in der pädagogischen Theorie und Praxis

Auch bei der Anwendung des Konzeptes von Vermischung und Hybridität ist Vorsicht geboten, denn dieses Konzept impliziert möglicherweise ein komplementäres Gegenbild zu der vorhergegangenen Homogenität, die es historisch so nie gegeben hat. Daher erhält m. E. der Hybriditätsbegriff seine besondere begriffspolitische Gewichtung erst dann, wenn er so verwendet wird, dass er die identitätsstiftenden Kategorien als in ihren Veränderungsprozessen nie abgeschlossen und auch in ihren aktuell vorfindbaren Formen als Produkte vergangener Hybridisierungen beschreibt. In dieser Verwendungsform kann der Begriff im Sinne der Verunsicherung des Selbstverständlichen sehr wirksam werden. Der Hybriditätsbegriff kann dabei behilflich sein, die identitätsstiftenden Kategorien als Zwischenergebnisse unzähliger Vermischungsprozesse in Vergangenheit, Gegenwart und Zukunft kenntlich zu machen und auf diese Weise zu einer Vergegenwärtigung des Konstruktionscharakters der im Alltag wahrgenommenen Unterschiede beitragen. Dazu gehört auch die Sensibilisierung für die wechselseitige Beeinflussung von dem Eigenen und dem Anderen, um so die beständige Veränderlichkeit der natio-ethno-kulturellen Identitäten/Differenzen im Blick zu behalten. Dies ist der zentrale Aspekt der heute anstehenden Dekonstruktionsarbeit, damit Hybridisierung nicht hauptsächlich in Bezug auf MigrantInnen thematisiert wird, was zu einer neuen Mythenbildung beiträgt, sondern auch die Mitglieder der Majorität einbezieht. Das Verweisen auf die Hybridität von Kulturen, Nationen, Ethnien und Identitäten als Folge vergangener, aktueller und zukünftiger Vermischungsprozesse, die sich aktuell als möglicher Vorteil für die Einen (Hybridität als Privileg des Westens.) oder als möglicher Nachteil für die Anderen (Hybridität als Folge von Migration) erweisen kann, trägt zu einem sensibilisierten Umgang mit ethno-natio-kulturellen Differenzen/Identitäten bei, indem es die Möglichkeit eröffnet die ungleiche gesellschaftspolitische Situation der verschiedenen in Deutschland lebenden Gruppen differenzierter zu betrachten. Es ist m.E. einfacher den kategorialen Fixierungen zu entgehen, wenn die im Alltag gedachten Kategorien (wie Nation, Ethnie, Geschlecht) als Zwischenergebnisse unzähliger fortlaufender Vermischungsprozesse wahrgenommen werden (dazu gehört z.B. auch die Unterscheidung zwischen Herkunftskultur und Migrationkultur). In Bezug auf die Aufgabe der Demystfizierung von Einheitskategorien könnte auch die Schule (als eine zentrale Sozialisationsinstanz), sowie andere Bildungsinstitutionen eine wichtige Rolle spielen; bisher (re)produzieren die Lehrpläne in den meisten Fällen die Differenzierung der als essentiell und natürlich gedachten Kategorien, als dass sie zur Reflexion anleiten. Monolingualer Unterricht, die Fixierung auf deutsche (Sicht der) Geschichte, die Funktionalisierung von Migrationgezeichneten als ExpertInnen für die andere Sprache, Kultur, Geschichte etc. oder der eurozentrische Blickwinkel der sich fächerübergreifend erstreckt, bestimmen recht häufig den deutschen Schulalltag. Zu kritisieren sind die schulisch vermittelten Elemente nationaler Kultur, denn diese stimmen mit dem Alltag der sich vervielfältigenden und sich vermischenden individuellen und kollektiven Identitäten und Differenzen nicht überein, die an die Stelle der traditionellen, eindeutigen Zuordnungen (die nie eindeutig waren) getreten sind. Im Gegensatz zu der kulturellen Vielfalt der Gesellschaft kann nach wie vor von einer Monokultur der Schule gesprochen werden. Auch den kulturellen Differenzen der „deutschen Bevölkerung“ wird kaum Rechnung getragen: Die deutsche Schule ist bis heute eine Mittelschichtinstitution (vgl. PRENGEL 1995: 88).

„Die Kinder aus der Mittel- und Oberschicht erleben nicht nur eine größere Übereinstimmung von Familien- und Schulkultur als die übrigen Kinder, sondern sie können auch mit vielfältigeren und reichhaltigeren materiellen und immateriellen Unterstützungsformen rechnen als jene." (ENGEL/HURRELMANN 1987 in: PRENGEL 1995: 89).

Die Schule steht im Widerspruch zum Pluralitätsbewußsein, denn sie zielt auf Homogenisierung ab. Die Vorstellungen von dem Prozesscharakter der Kultur und der Mehrdeutigkeit von Kulturelementen befinden sich in Opposition zu der herkömmlichen Auffassung der schulischen Wissensvermittlung, die von "Kultur als Gut" ausgeht und damit eine Vorstellung von trennscharfen kulturellen Differenzen suggeriert und Kultur zu etwas Abgeschlossenem und Fertigem erklärt. Da sie die unterschiedlichen außerschulischen Voraussetzungen nicht verändern kann, produziert sie mit den Gleichheitskriterien bei der Leistungsbemessung Ungleichheit (vgl. HAMBURGER 1999: 170). Schule ist ein Ort der Leistungsbewertung, Konkurrenz und Selektion und damit per se ein System der Ausgrenzung und Homogenisierung. Die Schule und andere Bildungsinstitutionen könnten vermutlich zu der Herstellung von Gleichheit mehr beitragen, wenn sie den Konstruktionscharakter von Kulturen und weniger die kulturellen Differenzen in den Vordergrund stellen würden. Die Betonung der sozialen Konstruktion von Kulturen impliziert auch die Thematisierung von Macht- und Herrschaftsverhältnissen, innerhalb derer sich Mehrheits- und Minderheitskulturen gebildet haben und sich weiterhin bilden. Die schulische Erziehung sollte sich den Anforderungen der fortlaufenden kulturellen Vermischung stellen und ihre nationale Fixierung überwinden, wenn sie den SchülerInnen zum souveränen Umgang mit den ethno-natio-kulturellen Identitäten/Differenzen und ihren Hybridisierungsprozessen verhelfen will. Für das Bildungssystem hieße dies, dass es entsprechend der demographischen Entwicklung Veränderungen der pädagogischen Praxis einzuleiten hätte. Dazu gehört z.B. wie MECHERIL (vgl. 2000a: 469) im Rahmen einer „Unreinheitspolitik" vorschlägt, eine stärkere Orientierung der Schule auf die Alltagswelt der SchülerInnen unter Einbezug ihrer Herkunft und des Stadtteils, in dem sie leben:

„Das Aufgreifen der Alltagserfahrungen und der alltäglichen Eingangsfertigkeiten kann letztlich nur- so wir es mit einer multilingualen sozialräumlichen Einheit zu tun haben- in der Figur eines multilingualen Angebotes realisiert werden, das bestrebt ist die Sprachen die im Stadtteil gesprochen werden zu repräsentieren." (Ebd.)

Der multilinguale Unterricht ist in der Praxis sicherlich nicht ohne Einschränkungen möglich, denn es können nicht alle Sprachen eines Stadtteils unterrichtet und gesprochen werden. Doch die Aufhebung der Dominanz der deutschen Sprache kann zu Irritationen der lingualen Ordnung impliziten Machtstrukturen führen und diese ihrer Selbstverständlichkeit berauben. Doch derartige Schritte genügen nicht, denn um Veränderungen in der sozialen Praxis der Hierarchisierung hervorzurufen, ist es ebenfalls bedeutsam neben der Einflussnahme auf die Bezeichnungspraktiken, auch in die gesellschafts-strukturellen Bedingungen einzugreifen innerhalb derer die genannten Kategorien dazu verwendet werden Über- und Unterordnungszusammenhänge zu (re)produzieren.

2. Das Paradox des „strategischen Essentialismus“

Neben den bisher formulierten pädagogischen Aufgaben der fortwährenden Hinterfragung der eigenen Perspektiven und der Vermittlung des hybriden Blickwinkels auf die Einheitskategorien im Sinne der Irritation der Alltagswahrnehmung, ist noch eine weitere Ebene vorhanden, die ebenfalls in den Bereich des pädagogischen Handelns fällt und die auf die Grenzen der begriffspolitischen Dekonstruktion verweist. Die pädagogische Intervention, im Sinne der Förderung von Gleichbehandlung innerhalb von ungleichen sozialen, rechtlichen und politischen Verhältnissen befindet sich in einem Widerspruch zum Dekonstruktionsanspruch, weil der Anspruch, zur Aufhebung gesellschaftlicher Ungleichheitsverhältnisse beizutragen, nur in Namen derjenigen geschehen kann, die sich diskriminiert fühlen. Um politische, rechtliche und soziale Rechte innerhalb eines demokratischen Staates einzufordern sind gruppenbezogene Strategien notwendig, daher wird in der Regel mit der strategischen Essentialisierung (geprägt von SPIVAK vgl. 1996) gearbeitet, um z.B. für die Möglichkeit der Wahl der Staatsangehörigkeit(en) für Eingewanderte (und im Idealfall für alle „WeltbürgerInnen“) einzustehen. Namen für Gruppenidentitäten sind für die politische Handlungsfähigkeit notwendig, denn sie ermöglichen nicht nur die Einforderung von Rechten, sondern die Aneignung der Definitionsmacht über die von dem Herrschaftsdiskurs auf- und eingedrückten Namen. Wie es z.B. im Rahmen der Identitätspolitik der schwarzen Emanzipations- und Bürgerrechtsbewegungen der 60er und 70er Jahren geschah, indem die negative Symbolik der Farbe „Schwarz“ ins Positive gewendet wurde und den Schwarzen zu einem neuem Selbstbewusstsein verhalf (vgl. Vorwort in HALL 1994: 9). Als weiteres Beispiel kann die lesbische Identität dienen. HARK (1996: 47) schreibt dazu:

> „Politische selbstbewusste lesbische Identitäten wurden aus dem Impuls des Einspruchs gegen die administrativ-juridisch-medizinische Formierung gleichgeschlechtlichen Begehrens, gleichgeschlechtlicher Akte und homosozialer Formationen als Orte sozialer Repression und Marginalisierung formuliert. Denn im Kontext hegemonial wirkender und naturalisierender und pathologisierender geschlechtlicher und sexueller Identitätszuschreibungen ist es politisch notwendig eigene Beschreibungen von Identität anzufertigen, mit denen lesbische Frauen sich für sich selbst und andere Sichtbar machen und versuchen, sich von den Fremddefinitionen zu befreien.“

In vielen Situationen sind kollektive Identitäten wichtige politische Strategien, um Ungleichheit zum Thema zu machen. Diese Vorgehensweise kommt jedoch nicht umhin, die sozial oktroyierten Unterscheidungspraxen auf diesem Wege zugleich zu (re)produzieren (vgl. HARK 1996: 10). In den Blickpunkt meiner Betrachtung geraten dabei diejenigen handlungsorientierten Ansätze, die einerseits den Konstruktionscharakter von Identitäten reflektieren, andererseits die Notwendigkeit sehen, sich in der politischen Praxis auf diese zum Zweck der Legitimation ihrer Forderungen zu berufen. Auf der einen Seite wird durch eine radikal anti-essentialistische Position z.B. aus den gender studies, die Kategorie Geschlecht in eine beinahe beliebige Konstruktion aufgelöst, der gleichzeitig ein politisch motiviertes Beharren auf die Verwendung der Kategorie "Frau" entgegengesetzt wird, da diese Kategorie als eine zentrale Voraussetzung für die Identität und politische Handlungsfähigkeit des Feminismus und daher als unerlässlich verstanden wird (vgl. BECKER-SCHMIDT/KNAPP 2000: 107ff). Diese Paradoxie, die bereits als strategischer Essentialismus bezeichnet wurde, ist innerhalb der gender studies und der postcolonial studies vorzufinden. Der strategische Essentialismus soll dazu verhelfen, trotz der Reflexion des Konstruktionscharakters kollektiver Identitäten, gruppenspezifische Forderungen zu stellen und durchzusetzen. Die Gefahr einer erneuten (oder nie unterbrochenen) Essentialisierung ist nahe liegend. Homogen gedachte kollektive Identitäten (Frauen, Schwarze, MigrantInnen, Behinderte etc.) können die gängigen Mu-

ster reproduzieren und/oder emanzipatorisch wirksam werden, indem sie marginalisierten Individuen zu einer gemeinsamen Anerkennung und Repräsentation verhelfen. Der strategisch begründete Essentialismus stellt eine paradoxe Praxisform dar, denn die Annahme der Zusammengehörigkeit einer bestimmten sozialen Gruppe wird mit dem Wissen um den Konstruktionscharakter von Gruppengrenzen und seiner Bedeutung als Machtressource verbunden. Der Bezug auf eine bestimmte Differenz (Geschlecht, Gesundheit, ethno-natio-kulturelle Zugehörigkeit), mit der auch die Institutionalisierung einer bestimmten Pädagogik begründet wird, kann sowohl zur weiteren Stigmatisierung bestimmter Gruppen dienen, als auch zur Weiterentwicklung der Handlungsspielräume der Mitglieder dieser Gruppen beitragen. Die verwendeten Kategorien schaffen politische Realität, sie stellen die Instrumente der hierarchischen Ein- und Ausschließung dar und sind gleichzeitig auch der Ort innerhalb dessen Einspruch gegen die ein- und ausgrenzenden Differenzierungspraxen erhoben werden kann. Um politische Forderungen zu stellen oder abzusichern bleibt der Rekurs auf kollektive Identitätskategorien notwendig.
Problematisch bleibt allerdings, dass im Rahmen der Identitätspolitik, Theorie und Praxis stark auseinander gehen, denn während auf der theoretischen Ebene ethnonatio-kulturelle Identitäten mittlerweile häufig als nicht abgeschlossene Konstruktionen verstanden werden, werden diese in der Praxis weiterhin in vielen Fällen essentiell gehandhabt (vgl. HARK 1996: 20).
Des weiteren bleibt noch ungeklärt ob es möglich ist im Namen einer aufgezwungenen Differenz zu sprechen, ohne die politisch, rechtlich und sozial zum Zweck der Hierarchisierung geschaffene Differenzierung erneut zu stabilisieren (vgl. ebd.: 30), denn es gestaltet sich schwierig bei der Verwendung der Begriffe des herrschenden Diskurses (wie z.B. des vom Westen und dem Rest) im Namen der Marginalisierten zu sprechen und sich gleichzeitig seinen Beschreibungen (und der daran geknüpften hierarchisch strukturierten Normen und Werte) zu entziehen. Die Identitäten marginalisierter Gruppen sind in den Herrschaftsdiskurs eingespannt und können auch nur unter seiner Einbeziehung verstanden werden. Wie können Identitäten als politische Strategien, zur Veränderung der Bedingungen der Konstitution politischer Subjekte innerhalb eines anti-essentialistischen Rahmens artikuliert werden? Nach HARK ist

es bedeutsam, politische Identitäten als einen Prozess der konstanten Neuverhandlungen zu begreifen:

> „(...) in dem verschiedene politische AkteurInnen konkurrierende Konzeptionen kultureller und politischer Identität artikulieren und zu etablieren suchen." (Ebd.: 142)

HARK (vgl. ebd.: 143) schlägt eine radikaldemokratische Reformulierung von Identitätspolitik vor, im Sinne einer Infragestellung jeglichen Inhalts einer Identitätskategorie. Es geht um die Dekonstruktion, um eine Destabilisierung der als selbstverständlich erachteten Vorstellung von Identitäten als Voraussetzungen politischen Handelns, ohne dabei ganz auf sie zu verzichten. Im Zentrum dieser Reformulierung steht für HARK (vgl. ebd.: 143) der Begriff der Performivität, der den Begriff der Repräsentation ergänzen und erweitern soll, um Identitäten als verhandel- und revidierbare performative Zeichen verständlich zu machen:

> „Die AkteurInnen können verstanden werden, als von einem Ensemble von Subjektpositionen konstituiert, die niemals vollständig fixiert werden können und die selbst von einer Vielzahl von Diskursen konstruiert werden, zwischen denen es keine notwendige Beziehung gibt, sondern lediglich eine konstante Bewegung von Überdeterminierung und Versetzung." (Ebd.: 166)

2.1. Konstruktion und Dekonstruktion in der soziopolitischen Praxis

Das Paradox der Dekonstruktion und (Re)Konstruktion natio-ethno-kultureller Differenzen in der Pädagogik scheint unaufhebbar. Die Spannung zwischen diesen Anforderungen kann m.E. reduziert werden, wenn strategisch eingesetzte Kategorisierung von Gruppenidentitäten als politisch notwendig und gleichzeitig als historisch veränderlich gedacht und gehandhabt wird. Dabei besteht m.E. eine zentrale Aufgabe darin, bei der strategischen Verwendung der Begriffe „Identität" und „Differenz", stets auch die Analyse der differenzkennzeichnenden Kategorien wie Nation, Ethnie, Kultur, Geschlecht miteinzubeziehen. Die Thematisierung der Differenz in Orientierung an poststrukturalistischen und postmodernen Überlegungen muss sich bisher mit der Schwierigkeit abfinden, dass der Rückbezug auf die Dekonstruktion innerhalb der pädagogischen Anwendungsfelder zum Zweck politischer Handlungsfähigkeit zurückgestellt werden muss, dabei aber nicht aus der Sichtweite geraten darf. Daher ist ein vorsichtiger Umgang mit "Differenz" im Sinne einer gesteigerten Reflexivität in der Artikulation kollektiver Identitäten und Differenzen ratsam. Es sollte deshalb darum gehen die augenblicklich vorhandenen verschiedenen Lebensweisen anzuerkennen, gleichzeitig die Machtunterschiede, Benachteiligungen und Herabsetzungen, die an diese geknüpft sind, zu skandalisieren, denn die Dekonstruktionsleistungen führen in eine Sachgasse, wenn sie die gesellschaftlichen Machtverhältnisse nicht wirklich antasten. Wichtig ist dabei die gleichzeitige Hervorhebung der Gleichheit als politisches Ziel und die Betonung der Ungleichheit als soziale Tatsache, die verändert werden kann. Die Prävention gegen und die Überwindung von der hierarchisierenden Differenzierungspraxis gehören zu den Aufgaben der Erziehungswissenschaften und -institutionen. Dabei sind diese allerdings an gesellschaftliche Rahmenbedingungen gebunden, die sich hemmend oder förderlich auf diese Absichten auswirken können. Defizitäre Migration- und rückständige Bildungspolitik stehen dabei in Opposition zu diesen Zielen. Es fehlt nach wie vor eine Einwanderungspolitik, die eine politische und rechtliche Gleichstellung von MigrantInnen anstrebt. Der Versuch gesellschaftliche Probleme, wie z.B. die Diskriminierung von Minderheiten mit pädagogischen Methoden zu lösen, kann bei der gleichzeitigen rechtlichen und sozialen Diskriminierung und Ausgrenzung nicht zu Veränderung in Richtung Gleichbehandlung führen, denn erst die Abkoppelung der Staatsangehörigkeit von der nationalen Kultur könnte eine Basis für Gleichbehandlung ermöglichen.

Literatur:

AMOS, Karin: Die Rezeption von Differenzdiskussionen in der Vergleichenden Erziehungswissenschaft. In: LUTZ, Helma/WENNING, Norbert (Hg.) 2001: Unterschiedlich Verschieden. Differenz in der Erziehungswissenschaft. Leske und Budrich, Opladen, 143-160

ANDERSON, Benedic (1988): Die Erfindung der Nation. Zur Karriere eines erfolgreichen Konzepts. Campus-Verlag, Frankfurt am Main

BALIBAR, Etienne/WALLENSTEIN, IMMANUEL 1990: Rasse – Klasse – Nation: Ambivalente Identitäten. Argument-Verlag, Hamburg

BATTAGLIA, Santina: Verhandeln über Identität. Kommunikativer Alltag von Menschen binationaler Abstammung. In: FRIEBEN-BLUM, Ellen/JACOBS, Klaudia (Hg.) 2000: Wer ist hier fremd? Ethnische Herkunft, Familie und Gesellschaft. Leske und Budrich, Opladen, 183-202

BECK-GERNSHEIM, Elisabeth: Schwarze Juden und griechische Deutsche -- Ethnische Zuordnung im Zeitalter der Globalisierung. In: Beck, Ulrich. (Hg.) 1998: Perspektiven der Weltgesellschaft, Suhrkamp, Frankfurt am Main

BECKER-SCHMIDT, Regina/KNAPP, Gudrun-Axeli 2000: Feministische Theorien zur Einführung. Junius Verlag, Hamburg

BENHABIB, Seyla 1999: Kulturelle Vielfalt und demokratische Gleichheit. Politische Partizipation im Zeitalter der Globalisierung. Fischer Taschenbuch Verlag GmbH, Frankfurt am Main.

BERRESEM, Hanjo: Poststrukturalismus. In: NÜNNING, Ansgar (Hg.) 1998: Metzler Lexikon Literatur- und Kulturtheorie. Metzler, Stuttgart u. Weimar, 439-440

BHABHA, Homi 2000: Die Verortung der Kultur. Stauffenburg Verlag, Tübingen

BREIDENBACH, Joana/ZUKRIGL, Ina: Widersprüche der kulturellen Globalisierung: Strategien und Praktiken. In: Das Parlament. Beilage der Wochenzeitung, 22. März 2002, 19-25

BRONOFEN, Elisabeth/MARIUS, Benjamin (Hg.) 1997: Hybride Kulturen: Beiträge zur anglo-amerikanischen Multikulturalismus Debatte. Stauffenburg Verlag, Tübingen

DICKMANN, Walther: Sprache in der Politik. In: GREIFFHAGEN, Martin (Hg.) 1980: Kampf um Wörter? Politische Begriffe im Meinungsstreit. Bundeszentrale für politische Bildung, Bonn, 47-64

DÖRNER, Andreas 1991: Politische Sprache - Instrument und Institution der Politik: In: APUZ Nr. B17, 3-11

ENGEL, Uwe/HURRELMANN, Klaus: 1987: Bildungschancen und soziale Ungleichheit, in: MÜLLER-ROLLI, Sebastian (Hg.) 1987: Das Bildungswesen der Zukunft. 77-97

FRIEBEN-BLUM, Ellen/JACOBS, Klaudia: Vom Oder zum Und: Individueller und gesellschaftlicher Raum zur Konstruktion von Bindestrich-Identitäten. In: FRIEBEN-BLUM, Ellen/JACOBS, Klaudia (Hg.) 2000: Wer ist hier fremd? Ethnische Herkunft, Familie und Gesellschaft Leske und Budrich, Opladen, 9-33

GÖTTLICH, Udo: Migration, Medien und die Politik der Anerkennung. Aspekte des Zusammenhangs von kultureller Identität und Medien. In: NIELAND (Hg.) 2000: Migranten und Medien. Neue Herausforderung an die Integrationsfunktion von Presse und Rundfunk. Westdeutscher Verlag, Wiesbaden, 38-50

HA, Nigh Kien: Ethnizität, Differenz und Hybridität in der Migration. Eine postkoloniale Perspektive. 2002

HAMBURGER, Franz: Zur Tragfähigkeit der Kategorien „Ethnizität" und „Kultur". In: Zeitschrift für Erziehungswissenschaft, 2 Jg. Heft 2/1999, 169-178

HALL, Stuart 1994: Rassismen und kulturelle Identität. Ausgewählte Schriften 2. Argument-Verlag, Hamburg

HARK, Sabine 1996: Deviante Subjekte. Die paradoxe Identität der Politik. Leske/Budrich, Opladen

HILLMANN, Karl-Heinz 1994: Wörterbuch der Soziologie, 4. Auflage, Alfred Kröner Verlag, Stuttgart

HUNTINGTON, Salomon 1993: The clash of civilisations. In: Foreign Affairs 72 (3), 22-49

KOPPERSCHMIDT, Josef: Der politische Kampf ums Heißen. Nur ein Beispiel für symbolische Politik? In: Oswald PANAGL (Hg.) 1998: Fahnenwörter der Politik. Studien zu Politik und Verwaltung 59. Böhlau, Wien, 151-169

KOSSEK, Brigitte: Gegen-Rassismen: Ein Überblick über derzeitige Diskussion. In: KOSSEK, Brigitte (Hg.) 1999: Gegen-Rassismen: Konstruktionen – Interaktionen – Interventionen. Argument-Verlag, Hamburg, 11-54

KLUGE, Friedrich 1989: Etymologisches Wörterbuch der deutschen Sprache. Walter de Gruyter Verlag, Berlin; New York

KRÜGER-POTRATZ, Marianne: Stichwort: Erziehungswissenschaft und kulturelle Differenz. In: Zeitschrift für Erziehungswissenschaft, 2 Jg. Heft 2/1999, 149-165

LUTZ, Helma/WENNING, Norbert: Differenzen über Differenz- Eine Einführung in die Debatten. In: LUTZ, Helma/ WENNING, Norbert (Hg.) 2001: Unterschiedlich Verschieden. Differenz in der Erziehungswissenschaft. Leske und Budrich, Opladen, 11-24

MECHERIL, Paul (Hg.) 1996: Deutsche Geschichten. Menschen unterschiedlicher Herkunft erzählen. Waxman Verlag, Münster/New York

MECHERIL, Paul: Doppelte Heraussetzung und eine Utopie der Anerkennung. Mehrfachverbundenheit in natio-ethno-kultureller Pluralität. In: FRIEBEN-BLUM, Ellen /JACOBS, Klaudia (Hg.) 2000: Wer ist hier fremd? Ethnische Herkunft, Familie und Gesellschaft. Leske und Budrich, Opladen, 231-250

MECHERIL, Paul 2000a: Prekäre Verhältnisse. Über natio-ethno-kulturelle (Mehrfach-)Zugehörigkeit. Habilitationsarbeit vorgelegt an der Fakultät für Pädagogik der Universität Bielefeld

MÜLLER, H: Rasse, Ethos, Kultur und Nation. Eine Phänomenologie zentraler Begriffe im Diskurs um die Migrationgesellschaft. In: GROZINI, Mehdi Jafari/MÜLLER, H. (Hg.) (1993): Handbuch zur interkulturellen Arbeit. World University Service, Wiesbaden

NICKLAS, Hans: Die Nation im Kopf. Zur Sozialpsychologie der Nationalität. In: THOMAS, Alexander (Hg.) 1994: Psychologie und multikulturelle Gesellschaft: Problemanalysen und Problemlösungen; Ergebnisse des 14. Workshop-Kongresses der Sektion Politische Psychologie im Berufsverband Deutscher Psychologen (BDP) in Regensburg/Göttingen (u.a.): Verlag für Angewandte Psychologie, 76-82

NEDERVEEN PIETERSE, Jan: Globale/lokale Melange: Globalisierung und Kultur- Drei Paradigmen. In: KOSSEK, Brigitte (Hg.) 1999: Gegen-Rassismen. Konstruktionen-Interaktionen- Interventionen. Argument-Verlag, Hamburg, 167-185

PRENGEL, Annedore 1995: Pädagogik der Vielfalt. Pädagogik der Vielfalt. Leske und Budrich, Opladen

PRENGEL, Annedore: Egalitäre Differenz in der Bildung. In: LUTZ, Helma/WENNING, Norbert (Hg.) 2001: Unterschiedlich Verschieden. Differenz in der Erziehungswissenschaft. Leske und Budrich, Opladen, 93-107

PRIESTER, Karin: Rassismus und kulturelle Differenz. Politische Soziologie (9). LIT Verlag, Münster 1997

RÄTHZEL, Nora: Gegenbilder. Nationale Identitäten durch Konstruktion des Anderen. Leske/Budrich, Opladen 1997

RÄTHZEL, Nora: Hybridität ist die Antwort, aber was war noch mal die Frage?. In: KOSSEK, Brigitte(Hg.) 1999: Gegen-Rassismen. Konstruktionen-Interaktionen- Interventionen. Argument-Verlag, Hamburg, 204-219

SENGHAAS, Dieter: Kulturelle Globalisierung- ihre Kontexte, ihre Varianten. In: Das Parlament. Beilage der Wochenzeitung, 22. März 2002, 6-9

SPIVAK, GAYATARI, CHAKRAVORTY (1996) Subaltern studies. Deconstructing historiography. In: LANDRY, Donna; MACLEAN, Gerald (ed.): The Spivak reader. London: Routledge, 203-236

TERKESSIDIS, Mark: Globale Kultur in Deutschland, oder wie unterdrückte Frauen und Kriminelle die Hybridität retten.
http://www.parapluie.de/archiv/generation/hybrid/ 1999

TERKESSIDIS, MARK 2000: Migranten. Rotbuch Verlag, Hamburg

TERKESSIDIS, MARK: Der lange Abschied von der Fremdheit. Kulturelle Globalisierung und Migration. In: Das Parlament. Beilage der Wochenzeitung, 22. März 2002, 31-38

WAGNER, Bernd: Kulturelle Globalisierung. Von Goethes „Weltliteratur" zu den Weltweiten Teletubbies. In: Das Parlament. Beilage der Wochenzeitung, 22. März 2002, 10-18

WENNING, Norbert: Differenz durch Normalisierung. In: LUTZ, Helma/WENNING, Norbert (Hg.) 2001: Unterschiedlich Verschieden. Differenz in der Erziehungswissenschaft, Leske und Budrich, Opladen, 275-296

ZIZEK, Slovoj: Das Unbehagen des Multikulturalismus. In: KOSSEK, Brigitte (Hg.) 1999: Gegen-Rassismen: Konstruktionen – Interaktionen- Interventionen. Argument-Verlag, Harmbug, 151-166

Thomas Guthmann

Globalität, Rassismus, Hybridität

Interkulturelle Pädagogik im Zeichen von rassistischem Diskurs und hybrider Identität

ISBN 3-89821-255-6
174 S., Paperback, € 24,90

Erhältlich in jeder Buchhandlung oder direkt bei

ibidem

Im Zeitalter der Globalisierung findet eine zunehmende Hybridisierung von Kultur statt. Auch das Einwanderungsland Deutschland wird heute von einer Vielzahl von kulturellen Einflüssen geprägt, die das Bild einer einheitlichen Kultur in Deutschland, gar einer Leitkultur, konterkarieren.

Von dieser These ausgehend setzt Thomas Guthmann in seiner Arbeit interkulturelle Pädagogik in den Kontext einer globalen Welt mit einer Vielzahl von kulturellen Ausprägungen. Die zunehmende Überlagerung der Kulturen in der Welt stellen klassische Differenz-Erklärungsmodelle wie Rassismus oder Nationalismus in Frage. Dabei wird Rassismus nicht obsolet, sondern gewinnt in modernisierter Form an neuer Relevanz.

In diesem Buch wird die fünfhundertjährige Geschichte einer ethnisierten globalen Welt nachgezeichnet, in der zuerst Rassen, Nationen und Kolonialismus – Grenzen – geschaffen worden sind: Grenzziehungen, die in aktuellen Tendenzen der Globalisierung verwischt werden. Dieser historisch-soziologischen Einführung folgt die Erklärung von diskursiven Grenzziehungen am Beispiel des rassistischen Diskurses. Der diskursiven Grenzziehung steht die fragmentarische, hybride Realität gegenüber, die menschliche Identität prägt. Auf der Basis Foucaultscher Diskurstheorie und den Postcolonial Studies werden der rassistische Diskurs und hybride Identitäten erklärt. Interkulturelle Pädagogik ist heute mit beiden Phänomenen konfrontiert. Sie sind als die paradigmatischen Grundlagen gegenwärtiger interkultureller Pädagogik zu begreifen.

Thomas Guthmann gehört selbst einer ethnischen (schwäbischen) Minderheit in Berlin an und hat in Bielefeld mit den Schwerpunkten interkulturelle Pädagogik, Medienpädagogik, Jugend- und Erwachsenenbildung, Erziehungswissenschaften studiert. Aus politischem Interesse beschäftigt er sich seit seiner Jugend mit Rassismus und ist ebenso lange in anti-rassistischen und antifaschistischen Bewegungen aktiv. Der Anstoß zu dieser Arbeit kam durch die stark ethnozentristisch geprägte Herangehensweise pädagogischer Praxis an die interkulturelle Realität der Bundesrepublik. Zurzeit arbeitet der Autor an der grundlegenden Zerstörung von Rassismus, Nationalismus, Ethnozentrismus und Antisemitismus. Thomas Guthmann arbeitet bei ARA-Berlin einem antirassistischen Radioprojekt und ist daneben als freier Journalist und in der freien Bildungsarbeit tätig.

Zeitfracht Medien GmbH
Ferdinand-Jühlke-Straße 7
99095 Erfurt, Deutschland
produktsicherheit@kolibri360.de